西安石油大学优秀学术著作出版基金资助出版

　　本书为陕西省社会科学基金项目《跨文化背景下的心理适应实证研究》（立项号：13N096）的研究成果之一

当代维京文化

关于瑞典人的历史、心理与习俗

著
[瑞典]克里斯蒂娜·J·罗宾诺维兹
[美]丽萨·W·卡尔

译
肖琼

中国社会科学出版社

图字：01-2014-6834号

图书在版编目（CIP）数据

当代维京文化：关于瑞典人的历史、心理与习俗 ／［瑞典］罗宾诺维兹，
［美］卡尔著；肖琼译. —北京：中国社会科学出版社，2015.4

书名原文：Modern-day Vikings: a practical guide to interacting with
the Swedes

ISBN 978-7-5161-5666-7

Ⅰ.①当… Ⅱ.①罗… ②卡… ③肖… Ⅲ.①民族文化-研究-
瑞典-现代 Ⅳ.①K532.53

中国版本图书馆CIP数据核字(2015)第041713号

出 版 人	赵剑英
责任编辑	艾　可
责任校对	卫文新
责任印制	李寡寡

出　　版	中国社会科学出版社
社　　址	北京鼓楼西大街甲158号（邮编 100720）
网　　址	http://www.csspw.cn
发 行 部	010-84083685
门 市 部	010-84029450
经　　销	新华书店及其他书店

印刷装订	三河市君旺印务有限公司
版　　次	2015 年 4 月第 1 版
印　　次	2015 年 4 月第 1 次印刷

开　　本	650×960　1 / 16
印　　张	15.25
字　　数	268 千字
定　　价	38.00 元

特别奉献

献给我的孩子们——安娜和安迪，是他们教会了我从多个角度看待生活的意义！

——克里斯蒂娜（Christina）

献给我的丈夫——汤姆·卡尔，是他给了我无限的支持和无条件的爱！

——莉萨（Lisa）

致　谢

首先，我们要特别感谢朱迪·卡—亨德里克先生（Judy Car-Hendrick），这位跨文化出版社的编辑，以其幽默的态度和极大的耐心，引领我们完成了整本书的创作。

感谢爱立信公司以及以往与爱立信公司共事的各位女士和先生们：博·海德福斯（Bo Hedfors）、加里·平卡姆（Gary Pinkham）、马克·布鲁姆斯（Mark Broms）、切尔·瓦林（Kjell Wallin）和简·亨里克斯（Jan Henriques），是他们向我们分享了自己在瑞典和美国工作的感悟；还要感谢诺兰特①德克萨斯公司（Nolato Texas）和诺兰特谢尔德梅特（Nolato Shieldmate）公司的经理们和员工们，由于他们允许我们追随其在这些跨文化工作场所中经历的职业历程，使我们大受裨益。

同时，我们也非常珍惜能够有与前美国驻瑞典大使林登·L.奥

---

① 　Nolato：瑞典移动电话配件商。——译者注

尔森·Jr.先生（Lyndon L.Olson Jr.）和瑞典投资机构的前主任马格努斯·莫利蒂厄斯先生（Magnus Moliteus）对话的机会，我们受益良多。

以下诸位，也请读者们务必记住：赖斯·斯约伯格（Lasse Sjöberg）和夏斯汀·布兰德纽斯—约翰松（Kerstin Brandelius-Johansson），这两位是致力于促进瑞典——美国商业关系发展的人物；夏斯汀（Kerstin）和莫腾·布罗德黑莫（Mårten Broddheimer），他们为我们提供了良好的交流平台；斯德哥尔摩大学的政治科学副教授汤米·毛勒（Tommy Möller），他毫无保留地提供了自己的专业知识；以及兼记者与摄影师为一身的汤米·奥尔森（Tommy Olsson），他对本稿修改了一遍又一遍，从不厌倦，才使本书终于成型。

要感谢的人还有很多，赖拉·安德森（Laila Andersson）、罗宾·巴蒂森（Robin Battison）、马克·并格（Marc Bünger）、凯西（Kathey）和拉塞尔·卡瑞罗（Russell Carreiro）、柯克·奇尔顿（Kirk Chilton）、汤姆·康浓（Tom Connor）、大卫·柯尔（David Curle）、夏斯汀·拉奈（Kerstin Lane）、安德斯·林德克卫斯特（Anders Lindkvist）、乌尔夫·马丁松（Ulf Mårtensson）、莉娜·奥洛夫森—皮拉斯（Lena Olofsson-Piras）、丹·奥尔森（Dan Olson）、布赖恩·帕默（Brian Palmer）、波尼拉（Pernilla）和约翰·斯古格（Johan Schoug）、斯文·塞汀（Sven Sedin）、朱迪·舒勒（Judee Shuler）、米林·斯约汀（Myleen Sjödin）、苏珊妮·索瑟德（Suzanne Southard）、约翰·斯逊恩伯格（John Steinberg）、大卫·杜鲁巴（David

Trouba）、奥利·瓦斯特伯格（Olle Wästberg）、莉娜·赞德（Lena Zander）等等，这些女士和先生们为本书的撰写提供了很有价值的观点和信息。

我们无法一一列出所有对我们的工作有贡献的人们，包括我们的家人和朋友，在此，一并表达诚挚的感念与谢意！

译者序

这本书是献给我的父母的，他们用一生的担当、包容、期望和陪伴成就了子女，也成全了这本书。

小的时候，知道很远的地方，有个国家，叫瑞典，那里有白雪、有森林，有极昼与极夜，还有很多童话。虽然头脑中有这些画面的构想，但从来没有动过去那里走一走的念头，因为对于我们这个年代与这样家境的多数人来说，出国是做都不敢做的梦。所以，现在，我必须首先感谢我们这个日益强大的祖国，是她有了足够的财力和开阔的视野，让更多的普通人有梦可做，而且还能美梦成真。2010年8月，受国家留学基金委的支持，我来到了瑞典，走进了隆德大学，开始了为期一年的访学历程。

在隆德大学的校园里遇到英格马·奥特森（Ingemar Ottosson）的时候，我正迷路，犹豫着该向谁询问，他提着印有"南开大学"几个字的纸袋子向我走来。后来，他将《当代维京文化》（*Modern-Day Vikings*）一书借给我，一年间，我边读边翻译，也时常与他讨论其中的内容，离开瑞典时，我有些不舍地将书归还原主。没想到，回国一个月后，收到了英格马从瑞典寄来的书本，这让我有机会继续品味瑞典文化。通过网络，英格马帮我搭建了一个瑞典语、英语与中文间转换的桥梁，并用他那历史学家、社会学者丰富的知识，让这本译著更专业、更地道。而我在阅读他所撰写的书《巨龙与雄狮——岁月长河中的中国与瑞典》（2006年5月瑞典驻华大使馆、瑞典驻上海总领事馆、瑞典驻广州总领事馆联合组织出版）时，也对中瑞友谊的渊源有了更深刻的感知。

原书作者克里斯蒂娜·约翰逊·罗宾诺维兹（Christina Johansson Robinowitz）和莉萨·维娜·卡尔（Lisa Werner Carr）都曾在瑞典生活，并在美国工作，对这两种文化的亲历与审视，让她们有说说瑞典的强烈欲望，正如我在浮光掠影地体验了瑞典生活后，也想做点儿什么事一样。我们都有这样的冲动，源自于这个国度本身的魅力，在瑞典的街头，我看见过两个彼此陌生的骑车人相撞倒地，但结局却是他俩握手话别；当我在一条空旷的街道上不慎把自己摔倒了的时候，一位离得极远的女士赶快跑过来问我是否需要帮助……这样的事情见多了，我问自己：是什么让瑞典人如此平和与友善？我不仅好奇，而且还想让更多的人知道他们，甚至学习他们。这两位作者目前还在进行跨文化交流的咨询，也是新闻工作者，在撰写这部书的过程中，她们饱含深情，并做了大量研究，系统、生动而客观地对瑞典文化、瑞典人的观念、行为与习俗进行了阐述。对我来说，有了如此好的范本基础，再加工起来，自然就顺手得多。

可以说，这本书整整翻译了四年，其中充满了我个人的生活记忆。出于对一种文化的好奇，出于对瑞典这个浪漫又现实的国家的尊重与喜爱，每每读这本书时，哪怕言辞晦涩，我都觉得心神宁静。同时，很多画面都浮现在脑海中：我的导师英伊娅德·卡尔松（Ingegerd Carlsson）和她的家人，我的房东夏丝汀（Kerstin）和布萨（Bosse），我的隆德大学的同事们，街头那些陌生人友好的微笑，以及清澄的天空……在瑞典接触到的每个人、每处景致都成了这本书的印证者。

支持我的还有那一群中国伙伴们。感谢在隆德大学工作的刘炬博士，我的每一篇日志，她都有所反馈，是她建议我正式出版这个译著；感谢在隆德大学医院工作的袁世文大夫，这位对瑞典文化和中国文化都谙熟的老一代留学生，给我的译文提了很多具体建议；感谢刘莹、唐静、肖业祥、王铁钢、李中伟、沈洪成、陈颖、代佳原、王海燕、肖宇、邬雅静、张超凡、邓明堂、范晓樯、蓝兰等在瑞典留学和生活的人们，他们的良好举止和对友谊的真挚诠释了优秀的中国文化，也给瑞典人留下了深刻印象；感谢西安石油大学外国语学院的袁森、王文化、任春生等老师，他们解答了我翻译过程中的很多问题；感谢西北工业大学的赵硕博士，他在瑞典生活过，又是一位专业英语教师，对我译文中的问题往往能一针见血，对我帮助很大。

感谢中国社会科学出版社的王斌老师，我只是抱着试一试的态度通过电子邮件联系上他，询问可否出版。王老师像老朋友一样替我着想、帮我解难、策划出版环节，还有认真负责的责任编辑艾可，与他们合作，让我觉得很轻松。

感谢西安石油大学对本书的出版进行了资助。

念念不忘的还有我的家人和同事们！

肖琼

2014年10月

学者序

　　中国和瑞典这两个国家在很多方面都很不相同，正是这样，她们为这个世界的多元化增添了色彩。中国是一个有着悠久古代文明的大国，瑞典是欧洲最大也是最古老的国家之一，但是，跟中国比起来，她就显得又狭小又年轻了。因为自然环境与文化传统上的不同，瑞典所经历的发展道路与东亚各国很不相同，因而，对于中国读者而言，瑞典是一个既陌生又奇特的国家。不过，那些共同的特质构成了我们两国的过去和现在，或许，正因为此，中瑞两国一直保持着对彼此的尊重和深厚的友情。

　　瑞典与中国的交往开始于四个世纪以前，那时第一批西方人到达广东和福建海岸大约已经有了一百年的历史。很少有人知道航行到这个丝绸和茶叶的国度的瑞典先驱者们是谁，发生了什么故事。但是，毋庸置疑，那些人是被极大的好奇心和强烈的进取心所驱使而来的。1731年至1813年间，瑞典东印度公司非常活跃，它在广州的贸易进行得很顺利，而且达到了双赢。由于从来没有参加过任何侵略中国的帝国主义战争，而且，斯德哥尔摩政府认定鸦片贸易是恶劣的行径，所以，在康有为逃亡的岁月里，瑞典国接受和保护了他。瑞典的学者，如约翰·贡纳·安特生（Johan Gunnar Andersson）和高本汉（Bernhard Karlgren），探险家斯文·赫定（Sven Hedin）等人都对中国的考古学、语言学和地理学做过大量研究。1950年5月，瑞典成为第一个正式承认中华人民共和国的西方国家。

只研究英国、法国和德国是不可能了解欧洲的。要对欧洲大陆有真正的了解，还需要探索它的外围，尤其是北欧地区。2001年，克里斯蒂娜·约翰逊·罗宾诺维兹(Christina Johansson Robinowitz)和莉萨·维娜·卡尔(Lisa Werner Carr)撰写的《当代维京文化》（*Modern-Day Vikings*）出版了，这是一部向世界介绍瑞典——这个自古以来就在斯堪的纳维亚地区举足轻重的国度的重要作品，这本书成功地向读者们分析和讲解了瑞典文化和瑞典社会。现在，肖琼女士的杰出译著将向中国读者打开一扇深入了解这个欧洲一角的大门。

众所周知，当代的瑞典有着中立政策和先进的社会保障体系，但是，在古老的过去，她是海盗的家园。直至今日，当我们瑞典人说到自己的时候，仍然沿用"海盗精神"这个词，不过，它所代表的是活力、乐观和积极的力量，而不是战争和侵略行为。事实上，在中国——这个世界上最快的发展中国家的前行道路上，乐观积极、充满活力的精神不也是非常适用的吗？

瑞典隆德大学历史学教授

英格马·奥特森（Ingemar Ottosson）

2014年10月

序

1967年9月3日，是瑞典历史的一个分水岭，不是因为发生了什么，而是因为什么也没有发生。

这天清晨五点整，瑞典的汽车司机们要颠覆一个习惯——必须将过去如英国那样的车辆靠左侧行驶改为靠右侧行驶——他们改了，波澜不惊地改了，什么也没有发生地改了！没见新闻媒体上报道任何意外事故，瑞典人平平静静地完成了这个大转变，令外界的预想哑然。

以极其平静的表现完成极其显著的转变，这样的例子在瑞典绝不少见。它们所显现的是瑞典人共同的价值观：只要人人配合，任何事都可以平稳、顺利、有序地完成。哲学上有这么一个推论：谁不合作，谁的生活就有麻烦。所谓不合作的意思就是你不赞同大多数人或者大家伙儿已经达成的一致意见。但是，说实话，有的时候，太强调一致了反而会阻碍创造力的发挥，难以发现新的思想。

表面上，瑞典的和美国的文化还是非常相似的。多数瑞典人都能说一口流利的英语，而且自认为非常了解美国这个国家以及在美国所发生的事情；而且，超过二百万美国人宣称自己是瑞典移民的后裔，并且自信他们非常理解瑞典祖先的文化。这两个国家对流行文化的口味一致，同时，都对高科技尤其是通讯和互联网有很浓厚的兴趣。

这些相似性，掩盖了瑞典人和美国人相互交往时的根本不同，然而，事实上，无论是在社交场合还是在工作场所，他们之间的差异都很明显，美国人觉得跟瑞典人打交道挺难的，他们在瑞典生活之初，普遍都有孤独无助的感觉，主要是被瑞典这种表面看来与美国差不多，深入接触后才发现是那么不同的文化弄得茫然无措。

我们的这本书探索了瑞典文化的诸多方面，包括瑞典人独特的信念、价值观、态度和行为。我们从回顾历史开始，解释了这些典型的瑞典特质是如何扎根于海盗时期的；还审视了举世瞩目的"从摇篮到坟墓"的瑞典式社会民主主义；追踪了当代瑞典所发生的经济和社会转型阶段以及这个国家的发展过程。我们也研究了现代瑞典人价值观的根基，包括跟美国极其不同的适度原则（lagom）和自谦规则（Jante）等概念，同时，探索了瑞典人普遍具有的其他性格特征，比如推崇独立自主、惧怕别人说自己愚蠢等等。最后，我们概述了瑞典人的沟通风格、习俗和礼节，以及与商业相关的文化因素——不鼓励个体间竞争，认为以达成共识为基础的决策才是重要的，等等内容。

还有，正如在大多数文化中都存在的现象一样，在其他文化国度里，流传着不少关于瑞典人的"传说"，比如认为瑞典的自杀率很高、瑞典人对性既随意又泛滥，等等。这些刻板印象，有的来自于一小部分事实，但多数却并没有事实依据。分析这些印象是如何产生的，以及它们所内隐的价值观，将帮助外国人真实、有效地与瑞典人交往。

我们希望这是一趟了解瑞典人以及瑞典文化的快乐之旅。

——克里斯蒂娜·约翰逊·罗宾诺维兹
(Christina Johansson Robinowitz)
莉萨·维娜·卡尔(Lisa Werner Carr)

目 录

第五章　瑞典的个体与团体：自立与团结

第六章　劳哥姆（lagom）现象

第七章　詹特法则(Jantelagen):你以为你是谁?

第八章　平等至上

第九章　季节的力量：夏日、冬季和假期中的瑞典人

第十章　交流：沉默的声音

第一章

从海盗时代到福利王国
——瑞典千年

"别急着总结这一天，等到晚上再说；

别急着夸奖你的妻子，等她下葬时再说；

别急着炫耀你手中的剑，等在战场上试过再说；

别急着表扬你的女仆，等她铺完床铺再说；

别急着感叹这厚实的冰层，等你滑过再说；

别急着赞美这杯中酒，等你醉了再说。"

——瑞典古诗

这个9世纪时告诫人们不要过早下结论的训条到了21世纪是不是已经过时了呢？绝对没有！当代瑞典人仍然会认同这个从斯堪的纳海盗时期的古训里所传达出的精神实质。许多外国人都觉得瑞典人太过小心谨慎了，而瑞典人自己却认为他们这样做不过是更理智和更细心了——因为他们崇尚务实精神。

　　谨慎，这个当今瑞典人仍然珍视的品质，起源于遥远的过去。瑞典人的近代史可以追溯到1000年以前，那个时期留下了大量的文化遗产和宝藏。

　　本部分内容将呈现瑞典从前海盗时期到福利国家的历史进程，目的是为随后的文化探索打下基础，现代社会中诸如独立、平等、合作等文化价值观念并不是一夜之间，甚至也不是在一个世纪的时间里就能形成的。想要真正了解瑞典，我们需要挖掘得很深很深。

（一）海盗时代：史前到1050年

　　正如我们今天所知道的，斯堪的纳维亚地区包括三个国家：瑞典、丹麦和挪威。①许多非瑞典人认为瑞典的历史开始于海盗时期，但是石器时代到铁器时代的考古发现显示，瑞典最早的居民出现于八千年到一万年前，其冰川痕迹北上到斯堪的纳维亚半岛。

　　今天瑞典人的祖先是狩猎者和渔夫，他们依靠海洋及国内无数的湖泊进行地区贸易，最终走向世界。气候的转变使人们更容易在土地上劳作，农业社会因而得以发展，在海盗文化出现时，当地的人都是农夫，他们在短暂的夏季种植粮食和蔬菜，养育家畜。公元500年左右，梅拉伦湖(Mälaren)附近，即今天的斯德哥尔摩郊外的村落，出现了有权势的斯维（Sveas）部落——就是后来的斯维王

---

①　有的时候也包括芬兰，但是芬兰与这三个国家的民族特性有很大不同。——作者注
　　我们今天所指的北欧五国，还包括芬兰和冰岛。——译者注

国（Sverige）。

被作为历史时期而记载的"海盗时代"，汇集了探险、贸易、战争和被斯堪的纳维亚人所殖民等种种因素，时间从公元790年到公元1066年，持续了大约三百年。这个时期的斯堪的纳维亚还没有分成独立的丹麦、挪威和瑞典，人们生活在由当地国王或酋长统治的自治部落中，欧洲大陆的编年史者们通常把他们称为北方人（Norse）（因此才叫Nordic——北欧）。整个这个时期，人们相互间说着都能听得懂的日耳曼语，即今天所谓的古斯堪的纳维亚语（Old Norse）。

当然，不是所有的北方人都是海盗，海盗是当地的酋长们、武士们或那些定期离开自己的土地和村落外出探险、贸易和进行掠夺的人们。酋长经常征召其他人到船上远航，一去就是几个月甚至几年，然后交换战利品，许多人永远都回不来了，而有的人则带着传说和珍宝回到家乡。

那么，到底是什么使得农夫变成了强盗？尽管当海盗是一条让生活混杂着掠夺、贸易和殖民的道路，但是，"在农业社会，他们需要土地养活孩子，需要牧草饲养家畜；在开拓贸易路径的时代，他们渴求银子及银子可以换来的产业；在一个等级制的、好战的及半部落的社会里，头领们需要通过行动获得名望、权利、财富和支持"（Jones，1984：2）。

"Viking"（海盗或维京人）这个词的起源还有争议，不少历史学家认为它来自挪威语Vik，其意为"海湾，峡湾或小河"。如此，海盗指的就是那些在海湾远航或埋伏的人，有的观点则认为它是动词 Vikja，指快速移动或后退到远方——此解释更容易理解海盗对许多地区的掠夺（Jones，1984：76）。历史上经常混用Norse和Viking，用以描述从北方来的野蛮人，这就造成了理解上的混乱。

多数情况下，掠夺都比贸易来得更容易。西斯堪的纳维亚的海盗在公元793年发起了对林迪斯（Lindisfarne）的英国寺院长达三个世纪的侵略，这个大不列颠岛孤立的寺院不仅有巨多的财富，还有很微弱的抗御力，牧师们没有反抗，成为一打就跑的目标，"主呀，从暴烈的北方人手里救救我们吧"成了这些英国人祈祷的常用语言。

北方人擅长造船，海盗们乘坐他们的龙船探索到欧洲的各个角落，甚至更远。海盗们经常定期骚扰他们"喜欢"的受害者，有时收保护费，有时野蛮抢劫，随心所欲，杀害抵抗者，他们的行为很容易让当代人想到狂暴战士（berserk）这个词。

海盗们在战斗中无所畏惧，其背后的信念是北欧异教徒对阿萨（Asa）的信仰——蔑视死亡。在战斗中死亡，他们就能进入瓦尔哈拉殿堂（Valhalla）①这个海盗的身后天堂，武士们知道他们的英雄主义很有可能被生存者纪念，雕刻在石板上，千年之后石头还会被发现或出现在诗歌中。

尽管瑞典海盗们也很野蛮，但与西斯堪的纳维亚海盗不同的是，他们几乎没有参与对大不列颠的抢劫，相反，他们的野心在于向东开进。瑞典商人和掠夺者穿过伏尔加河到了东欧的腹地，在里加（Riga）、诺夫哥罗德（Novgorod）和基辅（Kiev）等地建立了贸易点，并把这些地区称为俄罗斯（Russia），因为罗斯（Rus）的

---

① 北欧神话中主神兼死亡之神奥丁接待英灵的殿堂。——译者注

本意是指这些瑞典旅行者们美丽、红润的肤色，当然也有专家认为它来自瑞典国的芬兰语别称——罗奇（Ruotsi），瑞典人把他们的名字给了这些对自己民族的建立做出了贡献的国家。瑞典海盗从基辅不断地进攻君士坦丁堡，最终使官兵放弃了抵抗，并雇佣他们当卫队，这样便打开了在俄罗斯和拜占庭间的永久贸易。

瑞典人向东到了咸海和里海，这样可以进行远至中国、巴格达南部和地中海的商品贸易，结果，波斯的玻璃、中国的丝绸、酒和异国香料，以及银币和珠宝就到了瑞典，用以交换的是武器、琥珀、蜂蜜、蜡、皮毛，甚至奴隶[①]。

这就带来了海盗文化的第三个元素——殖民，有些到海外进行贸易或掠夺的海盗决定留在那里，他们的临时营地变成了永久居住地。8世纪后期，挪威海盗占领了苏格兰岛、马恩岛屿（英属地）和爱尔兰；9世纪的时候，一群人为了逃离政治动乱，移居到了冰岛；到了10世纪，差不多英格兰的一半都在丹麦海盗的统治下了，许多现在的芬兰人、俄罗斯人和乌克兰人的祖先都是瑞典海盗。

如果我们暂且把杀戮欲放在一边的话，可以这么说，北欧社会在许多方面是领先于那个时代的。居住在冰岛的海盗们在公元930年就创立了世界上第一个民主集会——冰岛国会或议会（Althing）。当男人们出海时，女人们负责家里的事务，丈夫们完完全全地把农场的钥匙交给妻子们，让她们来管理一切，结果是，北欧妇女比那个时代其他文化中的女性们有了更多的自由和权威，

---

① 这一点人们并不常提起：海盗们经常掳获、收养及买卖战俘为苦工或奴役，但这是一个机会平等的产业，如果他们战败了，自己也会沦为奴隶，海盗奴隶的价格像划船手和士兵们一样高。——作者注

她们可以拥有并继承财产，还可以自由离婚。

因为每个人在成功的航行中都占有"一股"，所以，平等主义的思想就难以置信地在海盗们之间传播开来了。有个传说是这样的，有一股海盗抢劫了一艘前往巴黎的船只，弗兰克斯（Franks）亲王就派了使节前去谈判，可这位特使糊里糊涂地就回来了，"我发现没人可以谈"，他解释说："他们说他们都是首领。"（Vesilind，2000：9）

今天瑞典的银行家、教师或工程师当然不会被误解为挥舞着大斧的海盗，但他们身上仍然具备促成海盗成功的特质，比如将个人意愿与群体共同的工作目标整合起来，达成一致。正如一开始的诗歌里所说，海盗并不急于判断他们的出航是否成功，直到他们带着一船珍宝安全到家，他的后代们也不会妄下结论，直到有了切实充分的证据。

（二）中世纪：1066年—1500年

正如前面所说，北方人在维京时代并不都是基督徒，但是他们有宗教信仰，他们的信念深深地扎根于对神的力量的崇拜中，包括战神奥丁（Odin）、雷神托尔（Thor）、丰饶和平及耕耘之神弗雷（Frey），这几位神又分别被命名为星期三、星期四和星期五。人和动物的祭品代表了他们的利益，祈祷者敬献他们是为了保佑每一次冒险都能成功。

斯堪的纳维亚人是慢慢接受基督教的，瑞典是最后一个官方采用此教的日耳曼民族，因为他们是不信基督教的没有开化的人，所以，海盗们这些不良的品行有时被归罪于恶劣的异教教义，牧师对这些强盗们"既不尊重宗教场所的神圣不可侵犯，又对僧侣们的和平主义缺乏敬意"感到非常震惊（Jones，1984：132）。不过，正如前面所言，海盗们后来利用教堂和庙宇，更有可能只是为了他们的财富，而不是宗教的目的。

9世纪时，第一个基督教传教士安斯嘎（Ansgar）在比尔卡（Birka）①的维京要塞成功地建造了第一个教堂，但后来一名传教士在公元936年被杀害了，这使得基督徒们惊慌逃散，一直到维京时代落下帷幕的时候，基督教才终于进入瑞典。虽然又经历了150年才真正实施了这个教义，但瑞典的第一个基督徒国王还是在公元1000年时受了洗礼，这期间，异教依旧公然盛行，直到公元12世纪20年代（Jones and Pennick，1995：137）。

公元1210年，教会与国家间的联盟才得以形成，而且一直持续到公元2000年，这一年，瑞典的路德教会和政府最终正式分开，这个漫长的阶段里，瑞典的每一位公民都理所当然地也是教会的成员，除非他有特别说明。正是教会的影响把瑞典带入了"文明的"欧洲圈子。13世纪时，国家第一次把宗教写进了法律，由于教会的信条是上帝眼里的人人平等②，所以奴隶制也在1355年被废除。这个时期，教会越来越有权势，获得了大量的土地，并在乌普萨拉（Uppsala）③建立了自己的城市，这里离维京国王们加冕和埋葬的地方只有数英里远。

---

① 瑞典地名，在维京时代是整个梅拉伦湖地区的交通要塞和最重要的贸易点。——译者注
② 瑞典是很少的几个在中世纪没有奴隶社会的欧洲国家之一，瑞典人从来没当过农奴。独立的农夫占有绝对数量，这有助于缩小社会阶层的差异和形成一个平等的社会道德标准。——作者注
③ 瑞典东南部城市。——译者注

　　维京时代末期至中世纪初期，在如今的瑞典地区兴起了一个贵族阶层，各贵族间以及贵族家庭内部常有不和，国王圣埃瑞克（Christian King Erik）①家族和他的对手斯韦克（Sverker）就为了控制正在兴起的国家频繁地发起战事。

　　与此同时，瑞典还与它的邻国争夺波罗的海（Baltic Sea）的控制权。随着德国汉莎同盟（German Hanseatic League）的扩张和影响力的增加，波罗的海变得越来越重要。自维京时期以来，瑞典就在芬兰占有一席之地，但是瑞典人对自己在诺夫哥罗德（Novgorod）②的俄罗斯地区的利益更感兴趣。1323年，瑞典和俄罗斯签署了一个分管芬兰的协议，在这之后的六百年甚至更长时间里，瑞典和俄罗斯的命运连接在了一起，芬兰西部地区现在仍说的是瑞典语，而且瑞典语是芬兰的第二官方语言。

　　14世纪末，斯堪的纳维亚地区对德国的贸易统治感到不满，于是，在1397年，瑞典、挪威和丹麦形成了一个卡尔玛联盟（Union of Kalmar）以图共同对抗德国，这个时期在历史上是独一无二的，此时，这三个国家被统一在一个王冠之下——那就是丹麦的玛格丽特女王（Queen Margareta）。

　　卡尔玛联盟成功地在海湾隔绝了德国人，可惜联盟内部却是松散和令人担忧的。虽然丹麦控制着它，但却存在着严重的内讧，一方面，君主与贵族间冲突不断，另一方面，农民和商人不断地威

---

①　Christian King Erik，应该为 King Saint Erik，公元 1150 左右的国王，强调其是基督教国王并不是非常合适，因为他的对手 Sverker 也是基督徒，那个时代的人们基本都隶属于基督教。——译者注
②　前苏联城市。——译者注

胁要反抗。1434年，一名瑞典贵族试图在斯德哥尔摩造反以夺取权力，但最终被杀，可是，他的国家主义精神存活下来并开始传播：反抗丹麦人的边境冲突更加频繁了，而且还得到了汉莎同盟（Hanseatic League）的暗中支持。

（三）瑞典的建立：1500年—1600年

卡尔玛联盟一直维持着，但是到了1500年，瑞典贵族公开要求更多的权力，想从丹麦那里获得自治，他们创立了一个国家集会，第一步就是自我管理，1520年，他们投票烧毁了在瑞典的前丹麦罗马天主教大主教古斯塔夫·特罗雷(Gustav Trolle)的城堡（他本人正在坐牢），这下子，丹麦国王克里斯蒂安（Christian）二世有了行动的理由了，他到了斯德哥尔摩，那些不顾一切地想从废墟中保留这个城市的商人们向他打开了大门，二世接受了贵族们请他参加宴会的邀请，但盛宴结束时，他逮捕了所有的人，并砍下了他们的头颅，这个八十多人的血案被后人称做"斯德哥尔摩大屠杀"（Stockholm Bloodbath）。

有一个名叫古斯塔夫·瓦萨（Gustav Vasa）的年轻贵族幸免于难，但是他的父亲、两个叔叔和一个姐夫都命丧于此。当时瓦萨作为二世的人质正在丹麦，他想办法逃脱了囚禁，逃回瑞典，他想在乡村争取支持以推翻丹麦人，但没能成功。失败之后，他坐雪橇准备到挪威以求得援助，恰逢此时，斯德哥尔摩大屠杀的消息传到了瑞典的达拉纳（Dalarna）地区，那里的人早就不满丹麦人的统治了，达拉纳人派了两个最快的雪橇手赶上了瓦萨，接他回来，领导了一场成功的起义。这个事件后来在每年的滑橇比赛中都被纪念，叫做"瓦萨滑雪节"（Vasaloppet）[1]。

　　1523年，古斯塔夫·瓦萨，这位"瑞典之父"，加冕成为瑞典国王，卡尔玛联盟也随之解体。作为一位明君，瓦萨在他统治的三十七年间进行了深刻的改革：集中了瑞典的权力，建立了世袭君主政体；重新组织了政府、货币系统和军队，他拒绝承认罗马教皇，支持正在进行的瑞典路德教会改革。当然他也遇到了麻烦，比如一身债务，他要偿还击败克里斯蒂安二世的费用；在安置那些贵族们时也出现了不少矛盾。但是，像他的海盗祖先一样，他知道在哪里可以搞到钱：他没收了在瑞典的罗马天主教教堂的所有资产。

　　那么，瑞典脱离了卡尔玛联盟之后，挪威怎么样了？可怜的挪威仍然在比它强大的邻国丹麦的控制之下，当时的瑞典南部直到1658年也都被丹麦统治着，丹麦与挪威的联盟，一直维系到1817年[2]。

---

[1] 首届瓦萨越野滑雪比赛于1922年3月举行，以后每年举办，是世界上最大规模的越野滑雪赛事。后来，瑞典瓦萨国际总部到中国考察，被长春净月潭独特的自然景观和生态环境所吸引，认为这里的环境与北欧相似，是开展越野滑雪的最好场所。2003年3月15日，长春市人民政府与瑞典诺迪维公司共同组织发起第一届中国长春Vasaloppet滑雪节。2004年瑞典瓦萨国际总部与长春市人民政府签订十年友好合作协议，中国长春净月潭瓦萨国际越野滑雪节开创该项国际赛事在欧洲以外国家举行的先河。——编自网络，译者注

[2] 1814年，挪威被割让给瑞典，但是后来与瑞典王权分离，独立出来了。卡尔玛联盟一直存在到1905年。在它解体时，虽然有些紧张局势，但是并没有爆发战争。——作者注

（四）作为大国的瑞典:1618年—1717年

瑞典是一个超级大国吗？多数人并不知道，像欧洲许多国家一样，瑞典曾经也是一个强大的帝国，那个阶段开始于1611年古斯塔夫二世阿道夫（Gustav Ⅱ Adolf）[①]王朝的上升阶段。二世是古斯塔夫·瓦萨（Gustav Vasa）的孙子，也是一位军事天才，他继承了祖父的才华与热情，并致力于巩固瑞典在欧洲的地位。

瑞典于1630年参与了"名不副实"的三十年战争（Thirty Years' War）[②]，也因此开始了它的军事扩张，战争使瑞典征服了波罗的海国家的多数地区，包括远到波兰的大片领土（国王的梦想之一是让波罗的海成为一条"瑞典的河流"），当时瑞典的领土是现在的两倍；二世开发了国家最丰富的自然资源之一——铁矿，用以生产枪支和大炮；发展了有组织的教育系统；通过应征入伍建立了第一支"民兵"队伍。以上措施，大大地促进了瑞典的军事实力。

令人惋惜的是，二世完美的政绩让耻辱的瓦萨号（Vasa）战船染上了污点。为了显示海军的荣光，瑞典人建造了战船瓦萨号，很不幸，瓦萨号在1628年起航时即沉没于斯德哥尔摩海港的水中，

---

① 瑞典瓦萨王朝国王，生于斯德哥尔摩，即位后，与神圣罗马帝国相争，屡屡获胜，却于德国吕岑会战不幸阵亡，他是历代瑞典国王中唯一被国会封为"大帝"者，另外，清教徒称之为"北方雄狮"。——编自网络，译者注

② 三十年战争，1618年—1648年，是由神圣罗马帝国的内战演变而成的全欧洲参与的一次大规模国际战争。瑞典在法国的资金援助下，于1630年7月出兵，在波美拉尼亚登陆，从而开始了战争的第三阶段——瑞典阶段，之所以说是名不副实，是因为瑞典加入战争的时间晚，只是18年战争。——译者注

一百多名水手死于这场灾难。当代分析家称是因为错误的设计让甲板上摆放了太多大炮，使得船头重脚轻，出现倾覆。瓦萨号在冰冷、苦涩的波罗的海底躺了三百多年，直到1961年才被打捞出来，人们精心修复了它。现在，你可以在斯德哥尔摩当代瓦萨博物馆（Vasa Museum）里一览它的威武雄姿。

古斯塔夫二世于1632年牺牲于战场，他六岁的女儿克里斯蒂娜（Kristina）——第一位瑞典王朝的女性统治者继位。在她的童年时代，国王的前总理继续执行国王的政策实施扩张，到了执政年龄，克里斯蒂娜统治了欧洲最富裕和美丽的宫廷，她也被认为是有杰出天赋和智慧的女人。然而，1654年，她的一个举动震惊了臣民们：她退位了，去了罗马，并转信了罗马天主教——这极大地伤害了一个长期与天主教做斗争的国家的民众们的心。①

瑞典作为大国结束于国王卡尔十二世（King Karl XII）的统治，具有讽刺意味的是，12世却被许多瑞典人当作英勇而浪漫的斗士记在心中。事实上，尽管他也被认为是战争奇才，但是他与俄国人、波兰人和丹麦人的战争有赢有输。1718年他死的时候，据说一粒金子弹打穿了他的脑子（人们普遍相信，一般的子弹根本打不死他）。在他手里，瑞典曾经赢得的所有土地都失去了，除了芬兰（这块土地于1809年拿破仑战争中输给了俄国）和波美拉尼亚（Pomerania，这是当时波兰的一小块领土，1814年输给了丹麦）。然而，他依然被瑞典的右翼和国家主义分子所钦佩，他们经常把他奉为自己激进的意识形态的怪诞符号。

① 这之后，瑞典修改了法律，不再允许女性继位，此法律沿用到1979年。——作者注

（五）启蒙时代：18世纪

18世纪见证了欧洲科学、艺术和哲学的繁荣，这个时期，瑞典也出现了大量的科学家和思想家，包括自然学家卡尔·冯·林奈（Carl von Linné 或者Linnaeus）[1]和科学哲学家伊曼纽·斯威登堡（Emanuel Swedenborg）[2]。

1772年执政的古斯塔夫三世 (Gustav Ⅲ)[3]，是一位潜心于发展国家艺术与科学的国王。由于受到法国文化的深刻影响，三世修建了斯德哥尔摩皇家歌剧院，并通过建立斯德哥尔摩戏剧院，为皇后宫廷（Drottningholm Palace）剧院雇佣瑞典演员和剧作家来推进瑞典文化的发展。在他的安排下，完成了第一部瑞典语歌剧。他还创建了当今因颁发每年一度的诺贝尔文学奖而闻名的瑞典文学院、瑞典音乐学院和艺术学院。三世的贡献不止限于艺术方面，在他统治时期，自由贸易的限制被解禁，宗教自由扩展到了在这个国家的外国人身上，因此，他被臣民们拥戴也就不足为奇了。

然而，并非每个人都那么高兴，中世纪的古斯塔夫·瓦萨统治时代就已经存在着的贵族与君王的权力之争愈演愈烈，三世再次与

---

[1] Carl von Linné：1707 年 5 月 23 日—1778 年 1 月 10 日，瑞典自然学者，现代生物学分类命名的奠基人。——编自网络，译者注

[2] Emanuel Swedenborg：1688 年 1 月 29 日—1772 年 3 月 29 日，瑞典科学家、神秘主义者、哲学家和神学家。——编自网络，译者注

[3] 古斯塔夫三世：1746 年 1 月 24 日—1792 年 3 月 29 日，是 1771 至 1792 年间的瑞典国王。他利用派系斗争加强王权，并进行财政、司法和行政改革；另一方面，他热心发展瑞典艺术和文化。1792 年，他被瑞典贵族刺杀死亡。——译者注

试图与他的绝对权力对抗的贵族阶层发生矛盾，最终，走得太远的他被他的敌人谋杀于一个假面舞会上，意大利歌剧作曲家朱塞佩·威尔第（Giuseppe Verdi）的戏剧《化装舞会》（The masked ball）再现了当时的情景，三世因这个戏剧而活在人们的记忆中，这或许会让他觉得欣慰。

（六）瑞典的新开端：19世纪

最后一个统治瑞典的瓦萨家族是古斯塔夫三世的儿子——四世阿道夫（Gustav Ⅳ Adolf），他的主要贡献是土地改革，这场改革结束了过去一直将土地分成越来越小块而代代相传的现象，取而代之的是更大的农场单位的建立，土地被重新集合成大块分给农民。①

四世还领导瑞典人打了最后一场战争。在法国恐怖统治时期，四世发动了一场反法战役，这得罪了法国的盟友——俄国，俄国人立刻入侵当时被瑞典统治着的芬兰，当战争的烟云于1809年散尽时，瑞典现代的边境被建立了起来。战争使得瑞典丧失了差不多三分之一的领土，包括芬兰和瑞典北部，贵族们已经受得够够的了，于是四世无奈退位，瑞典得以与邻国和平相处。

令很多外国人不可思议的是，让一巴蒂斯特贝纳多特(Jean-

---

① 土地的重新分配解决了一些问题，也产生了新问题。可耕作的土地被整合，也使得集居的农民从城镇搬到了乡村，更加与社会隔离。——作者注

Baptiste Bernadotte)①，这位战功显赫并备受欢迎的拿破仑军队的法国将军，于1809年被聘请成为瑞典的新国王，并在1818年登上宝座（后面关于瑞典的平等性时还要再提到他）。他采用了一种新的宪法，国家权力被分配在国王、国会及议会间，瑞典变成了一个君主立宪制国家，保留至今日，而且，从那时起，瑞典奉行和平时期不结盟、战争时期保持中立的政策。

19世纪，瑞典在各方面得到长足发展。过去，瑞典人口的死亡率很高，尤其是居高不下的婴儿死亡率，而在这个世纪，人口显著增长，从19世纪初的240万增加到20世纪初的510万，增长的原因主要归功于：天花疫苗等医药产品的出现，更多农场生产出了充足而高品质的食品，以及健康卫生水平的提高。按照瑞典诗人艾塞亚斯·泰格那(Esias Tegner)②的话说就是"和平、疫苗和土豆"。

人口的大幅度增长有利于瑞典国家的发展，但也带来了意想不到的后果：没有足够的可耕种土地供养这些增长了的人口。为了留住家里的土地，人们一般会让长子继承它们，土地不可能被分割，下面的子女就什么也得不到，于是下层阶级产生了，并导致大量人外出移民，主要是去美国，因为那里土地充沛，单是19世纪80年

---

① Jean-Baptiste Bernadotte：1763年1月26日—1844年5月8日，出生于法国，曾效力于拿破仑部队。1810年8月21日，他被瑞典人选举为亲王和摄政，1818年2月5日成为瑞典国王，称查理十四世，其统治温和宽松。1844年3月8日在斯德哥尔摩因为中风去世，享年81岁。他是一位温和的统治者，为瑞典的现代化做出了许多贡献。——编自网络，译者注

② 瑞典语是Esaias Tegnér（1782年11月13日—1846年11月2日），瑞典作家、希腊语教授、基督教主教，被称为十九世纪的瑞典现代诗之父。——译者注

代，就有差不多三十五万人离开瑞典，1865年至1914年间，接近一百万人成为外出移民①。

（七）承上启下：现在

历史与我们相随，当代瑞典人依然具有海盗的民主精神和平等主义意识，今天的瑞典妇女们不再接受在工作和家庭中奴颜婢膝的角色，并因自给自足和独立地位而自豪；面对瑞典的扁平化管理模式，一位外商要求与老板谈话时也得到了与那位在海盗船上的法兰克大使得到的一样令人沮丧的答案："我们都是船长。"与其说瑞典是一个集体主义社会，不如说是有一群志同道合的人在一起工作。

19世纪末在古斯塔夫·瓦萨领导下为反对丹麦人而形成的团结精神，在瑞典工会为了获得更好的工作条件和更平等的工作标准时又灵光闪现了，斗争的结果是平衡了这个社会的等级、劳动和管理机制，创造了一种在其他国家看不到的新型工作关系。

瑞典人已经把过去抛在脑后了，跟英、法等总是喜欢怀旧和回忆过去的辉煌的欧洲国家不同，瑞典人不爱提她的过去，他们更自豪于自己的国家二百多年来一直没有战争，而不是曾经的荣光。

还有一点也让人惊讶，尽管经历了几个世纪的艰苦战事，当今

---

① 人们经常忽略一个事实，即有20万移民最终返回瑞典，带回了他们创建政党、进行社会运动及开办公司的活力与勤奋精神。——作者注

斯堪的纳维亚国家间却很少有彼此的怨恨，尤其是与当今巴尔干半岛热点地区相比，更是不可思议。当然，这些国家曾经也有过敏感的问题，比如瑞典在二战时固守中立的态度，邻国被德国入侵也不施以援手等等，挪威人和丹麦人虽然也忘不掉这些，然而，过去所引起敌意，这些国家现在都没有再提。

20世纪瑞典社会和政治的成功也引起了一些对抗，我们下一章将具体描述。瑞典在这一地区渐渐成了一个大国，人口数量是丹麦、挪威和芬兰的两倍，她免不了有些自我膨胀，如同美国在很多方面被羡慕但同时也因其地大物博的强势而遭到愤恨一样，瑞典有时候也有当"大哥"的烦恼，难得的是，斯堪的纳维亚地区今天更强调各国间的相似性，而不是差异；更强调要在经历了过去的困难之后，共同面对未来的挑战。

第二章，我们将看到在发展"瑞典模式"——"从摇篮到坟墓"的社会福利系统的过程中，瑞典人经历了哪些成长之痛，又是如何解决它们的？瑞典模式进入第二个世纪时所面临的挑战还有哪些？

第二章

瑞典模式

珍奇的玫瑰只盛开在某块独特的土壤上。

——1995年巴黎研讨会对瑞典福利系统的评价

　　伴随进入工业革命而形成的瑞典模式，瑞典工人阶级们想提高生活与工作条件的愿望应运而生。社会民主党领导和组织工人们争取了更多的平等权与公平权，工会的力量也在这个政党的影响下与日俱增。在艰难的开始后，劳工与雇主终于能够在集体商议后达成一致的行动纲领，因此而有了双边合作。

　　要想理解当代瑞典，人们必须了解这个国家独特的社会政治体系，即举世皆知的瑞典模式（Swedish Model）。20世纪以来，瑞典"因她的繁荣、民主的福利制度；因她那些由朝气蓬勃的私人企业创造的财富，又回馈于社会，以成就平等主义精神下的社会公平愿景"而著名（Board，1995：1）。

　　尽管有些瑞典人开始嘲讽这个福利社会的未来，但是多数人还是继续赞同她最初的宗旨，我们将通过回顾历史，审视隐含在瑞典模式下的价值观以及促进其发展的政党，讨论瑞典模式所面临的社会、经济挑战，让您更好地理解本书所讨论的内容。

（一）开端：历史

直到19世纪70年代，瑞典才有了国家铁路，可以说，瑞典是工业革命的后来者，但是一旦进来了，这个国家就急转直上，迅速地从一个农业社会转变为工业社会：铁路促进了国家对自然资源的利用，木材、钢、铁，还有玻璃、纺织品等物资大量出口。19世纪90年代，眼见大公司纷纷成立，需要大量劳动力，农民们开始移居至大城市，尤其是涌入斯德哥尔摩，19世纪末，留在农村的人仅仅占了人口总量的50%，可不过数十年前，农村人口还占90%之多。

多数移居者在工厂找到了工作，但是几乎没有人找到他们所渴望的财富，生活与工作条件是非常恶劣的，当实业家们变得富裕时，多数工人仍然非常贫穷，这种状况促使人们要求更多的平等与公正，尽管传统的瑞典社会具有明显的社会阶层差异，但是现在，瑞典有了一个转变的目标——改革者寻求共同消除阶层差异。

瑞典的现代工会于1879年在瑞典东部城市松兹瓦尔（Sundsvall）的北部中心镇发起了大罢工，从此，瑞典工人们开始有组织地为工人阶级追求更好的条件，那些老板们当然从一开始就抵制这些运动，甚至动用武力阻止活动组织者。1889年，劳工运动导致了社会民主党的成立，隶属于社会民主党的瑞典的前总理大臣塔格·埃兰德（Tage Erlander）①，也是瑞典历史上任期最长的总理，在他的自传

① Tage Erlander：1901年—1985年，瑞典政治家，曾担任瑞典社会民主工人党领导人和瑞典首相。——译者注

中描述说："国家最肥沃的土地由最富的人拥有，但是却由最穷的人耕作的社会系统"是不对的。

在社会民主党的影响下，劳动工会很快就在瑞典赢得了势力，最强大的是工会的保护组织——瑞典工会联合会（the Swedish Trade Union Confederation，LO）。这个组织从1898年成立至今，已经有超过二百万会员，它也可能是世界上最有威力的劳动组织了，即使是在当今，瑞典也依然是世界上工会最多也最有影响力的国家之一，其工会组织代表了超过80%的工人们。

针对工人们有了自己的组织，雇主们也组织了起来，他们在1902年成立了自己的联盟——瑞典雇主联合会（the Swedish Employers'Confederation）。这是一个精明的举动，在1909年针对国家工资减少的总罢工中，工人们不得不向雇主们屈服，从而丧失了不少权力。

然而，经历了一个艰难的开端之后，这两个集团渐趋合作，使得瑞典不像许多其他国家那样经常发生劳工动乱，无论过去还是现在，瑞典工人的大罢工或业主为抵制工人的要求而进行的停工都是极少的，所有的主要成员们——工会、雇主、雇主联合会、政府和政党，从一开始就接受了学术上关于福利国家的概念，最终都达成了相互间的理解及高度一致。应该承认，合作变得更容易了，超过一半的瑞典工业界是由极少数的家族来掌握的，他们已经准备好并愿意与政府进行合作。

1938年，在斯德哥尔摩郊区的萨尔特希尔巴德（Saltsjöbaden）召开了一次具有历史意义的会议，劳动者与企业界代表达成一致，同意了集体谈判的规则和解决劳动纠纷的手段，并签署了协议，称做《萨尔特希尔巴德协议》①，它的特殊性不仅因为它是基于法律意义的，而且还在于它体现了双方的理解和利益，其中所孕育的合作精神后来被称为"萨尔特希尔巴德精神"。

当然，因恶劣的生活与工作条件而开始的劳工运动，并不只在瑞典才有，对上层阶级特权中的不公平感和义愤是共产主义出现的基础。在瑞典，曾有一个派别，起初由一些年轻的党员组成，与社会民主党抗衡，它就是共产党（Communist Party），即后来的左翼党(Left Party）。然而，观点更加中立的社会民主党更受欢迎，结果是社会民主党的势力渐强，并于1932年在选举中大胜。他们利用一段时期进行了社会重组，在资本主义和共产主义之间寻找了一条中间道路：在不革命的情况下，为全体公民创造繁荣与安全，战胜失业现象，增强竞争力。

除了1936年的几个月以及另外两个短暂的时期（1976至1982年间；1991至1994年间），瑞典一直是由社会民主党当政的，偶尔也会是多党执政，直到今日。②

---

① 这是一个双赢的协议。企业主们承诺将更多的利润让给员工们；而员工们也接受要力争使企业创造更多产值，并不再罢工。——译者注

② 原著出版于2001年，现在的情况已经有所变化。瑞典推行民主议会制，有349名议员代表，政府对议会负责。《瑞典政府组织法》赋予议会立法权，赋予政府行政权。每四年举行一次全民大选，议会选举之后，议会议长在新一届国会中提名新任首相，之后由首相任命新一届政府内阁大臣。2006年大选中，温和党主席赖因费尔特当选首相，温和党、自由党、中间党、基督教民主党等四党组成联合政府，接替社会民主党执政。2014年9月14日大选中，由在野的社会民主党、环境党和左翼党组成的"红绿联盟"获得议会349个议席中的160席，进行组阁。——译者注

（二）进程：向福利之国挺进

像许多其他国家一样，瑞典也在20世纪30年代经历了经济大萧条，超过三分之一的人失去了工作。然而，这一时期也是变革的催化剂，这些年间，社会民主党为社会改革准备了大量根本性法案，1934年颁发的失业救济金成了新的福利社会的基础，尽管第二次世界大战减慢了改革的步伐，社会民主党还是在战后通过了全面的福利立法，其中包括老年人的养老金、儿童津贴、房屋津贴及补贴、教育改革以及健康保险等。

社会民主党务实的态度集中体现在了寻找获得共同利益的解决之道上，其中重要的部分就是在资本主义与一个进步的、自由的社会系统中寻找与维持平衡。改革寻求的是在各阶层间创造更多的平等，比如创设了这样一个先进的税收系统：即强制高收入人群交高的福利税及边际税，在富人到穷人间重新分配财富，以缩小收入的差距，由此获得的收入就有可能创造一个福利社会。可以预见，不仅仅那些"贫困者"得到好处，而且，每一个公民都能从中受益。这样的社会就有了很多不同的名号："中间路线"，"从摇篮到坟墓的社会"或简而言之——"福利之国"，其实名衔无关紧要，重要的是瑞典人生活的方方面面——住房、工作条件、幼儿照管、卫生保健都有了提高。

（三）理念：人民之家的价值观

在瑞典内部，新的社会因人民之家（folkhemmet）而名声显赫。佩尔·阿尔宾·汉森（Per Albin Hansson）[1]是最早的社民党首相，他在20世纪30年代的一次政治讲演中首次使用了这个词。"人民之家"被描述为，如同一个家庭一样，一个社会应该照顾它的所有公民，并且实现每一个人心目中的福祉。

瑞典模式潜在的价值观是平等、公正、团结、社会良知、环境意识、安全保障的权利、工作的权利，这些平等主义的价值观在今天仍然既被接受又受争议。这个国家1999年竞选的政治海报和广告上的共同主题包括了"对所有人的公平与公正"、"照顾每个人"、"无差别对待每个人"等等，这些主题与美国流行的政治形成强烈的对比，因为美国更倾向于从个人或某些特殊利益的集团出发，而不是整个社会。

理念一：平等（Equality）

瑞典福利模式最根本的信念也许就是平等了。瑞典的国家政策试图创造一个没有阶级、性别或种族差异的社会，这个理想曾是瑞

---

[1] 佩尔·阿尔宾·汉森：1885年10月28日—1946年10月6日，瑞典政治家。从1925年起任瑞典社会民主党主席。1932年—1946年间4次担任瑞典首相，领导国家摆脱20世纪30年代初的经济萧条，倡议重大的社会福利立法。二战期间，瑞典保持中立政策，他主持了一个联合政府，包括瑞典国会所有主要政党在内。他创建的"瑞典模式"，到目前为止基本上仍完好无损，包括严格的中立政策，通过议会立法建立国家福利等。战后继续担任瑞典首相，组成一个社会民主党的多数内阁，1946年10月6日深夜在下班回家的路上因心脏病发作去世。——译者注

典模式发展的关键要素，平等的现象可以从这个国家的很多方面显现出来，按照1998年联合国的数字，瑞典是世界上最平等的国家：贫困率小于8%，只是美国、英国和德国的一半。然而，现状也绝非完美：性别平等已经走了很长的道路，但是差距仍然存在；阶层差异虽不大，但确实存在，而且随着收入差异的拉大，阶层差异也渐大；瑞典国家最大的问题也许是民族和种族平等问题，关于平等，瑞典人还有很多事要做。

理念二：公平（Fairness）

公平是瑞典社会最重要的问题，它可以被定义为——所有的人都要生活得好，但是没有人可以比别人获得的更多。相比于美国的观念，瑞典的公平并不是指一个人得到了什么，而是指一个人拥有了什么机会。瑞典作者波尔·沃腾（Per Wirtén）在他的著作《贫穷总比失业好？》(Hellre Fattig Än Arbetslös?）中指出，在美国存在的大量低收入型服务工作貌似有助于减少失业现象，但这些贫困的工作群体并没有真正享受到高的生活标准，因此按照瑞典关于公平的严格定义，美国的这种情况实际上并不能称得上是公平的。比较而言，在瑞典的工资政策中，不同职业群体的工资差异以及不同工作职务间实际的差异比在美国要小很多。

理念三：安全保障（Trygghet）[①]

安全保障是瑞典模式的关键性目标。这个福利国家创造了一个安全保障网络，让瑞典人在他们的工作场所、生活住所及家庭中随

---

① Trygghet 是瑞典语，原著中关于此条并不像其他条目那样用英语表现，可能的原因一是这一理念的重要性与独特性，二是可能因为没有非常恰当的英语词汇可以对应，但是其意类似于 secure。——译者注

处都感觉到安宁，人们不必担忧无家可归或饥饿，还可以从政府机构申请各种财务援助、房屋补贴、培训及其他帮助。在这个保障网络之下，人们的基本需求都能得到满足，所以，使得个体生发出独立感与自治权。

理念四：团结（Solidarity）

团结和为共同利益而工作一直是瑞典的福利制度的指导原则。早年间，瑞典的农民们为了生存不得不在一起劳作，20世纪，瑞典人意识到作为一个小国，如果想成功地与世界上的其他国家抗衡，就不得不团结起来以形成合力，《萨尔特希尔巴德协议》就强调了社会中所有的成员为了共同的利益团结起来的价值观。

理念五：工作的权利（Right to Work）

对瑞典人来说，工作——这一被高度重视的保持个人独立感和自立精神的最基本的方式——被认为是一种基本权利。这么多年来，瑞典的低失业率其实就是这一理念的体现，人们的工作权利实实在在地被保障着，除非在很极端的情况下，否则劳动法禁止任何雇主解雇任何人，这自然就保障了人们工作的权利。然而，20世纪90年代早期全球化的经济衰退产生的高失业率重重地挫伤了瑞典人，突然间，他们最基本的工作权利不再有保障了，对多数瑞典人来说，没有保障是那么痛苦，甚至令人恐惧，真的很难接受。

理念六：社会良知（Social Conscience）

除了致力于本国的社会改革，与其狭小的国土面积和偏远的地理位置比较起来，瑞典对世界上其他国家，尤其是不发达国家的福利所倾注的兴趣出奇地浓厚，承担的责任也格外地大。由于瑞典模式重视和平与非暴力，所以瑞典政府认为，无论在哪个国家，人权问题都是非常重要的。实际上，对那些忽视人权的国家的责任感在瑞典20世纪七八十年代的移民政策中发挥了重要作用，这些移民政策允许政治难民移居到瑞典，越战时，瑞典还接受了大量美国的反战者，并公开批评美国对战争的卷入。

理念七：环境意识（Environmental Awareness）

也许是因为瑞典有辽阔的荒原和丰富的自然资源，环境及对其的保护在瑞典人的观念中一直很重要。多数人都会分类回收垃圾，循环使用物品，法律也严格控制从食物添加剂到化学成分的数量，再到物品包装类型等方面的加工生产；孩子们小的时候就学习要尊重与爱护自然，关注环境的意识一直伴随着他们的成长。以环境为关注点的绿党（The Green Party）最近几年的支持率在上升，环境问题也总是被提到政治议程上。

（四）困境：社会与经济挑战

1945年到20世纪70年代早期，是瑞典模式最成功的时期。因为奉行中立政策，瑞典没有卷入二战，也避免了毁灭性的后果。随后这个国家充分发挥了丰富的自然资源的功用，而这正是百废待兴的战后欧洲所急需的。因此，瑞典战后的经济有了飞速发展。

一个世纪以来，瑞典从一个边远的农业国家一跃而成为有着世界上最高的生活标准的工业化国家，世界各国的人们见证了瑞典奇迹，并把如何平衡企业资本与社会福利间的关系的思想带回到自己的国度。

　　然而，在过去的二十年 ①，瑞典模式已经失去了一些它先前的风采。在20世纪90年代早期的经济衰退期间，瑞典人均收入减少，失业率达到了六十年来的最高水平，可与此同时，许多欧洲国家却成功地采用了瑞典社会民主中最有效的元素，甚至取得了更好的效果；不少国家已经达到或者超出了瑞典的人均收入。1995年，瑞典加入欧盟（European Union，EU），这一举措，有可能进一步缩小瑞典与各国之间尚存的差异。

　　现在，作为福利之国的瑞典正面临着考验其根基的挑战，其中，国家人口问题和全球经济因素的变化是最大的两个挑战。

　　挑战一：移民的冲击

　　在推动瑞典模式的进程中，瑞典的人口都是由拥有共同历史和文化的人们所构成的，然而，第二次世界大战后，经济的发展需要大量的劳动力，而瑞典国内人口又非常有限，所以，产生了移民潮的涌动。那个时候多数移民来自于有相似文化背景的邻国，然而现在，移民的结构已经发生变化，大量来自其他文化的移民和难民正考验着瑞典模式。

　　从20世纪70年代开始，向政治难民开放成为瑞典移民政策的一部分，因此，移民数量激增，从那时起，被标以非瑞典人的那一部分显著增加。20世纪末，第一和第二代移民占了这个国家总人口的18%，瑞典不再如过去那样在语言和种族上是同质文化的国度，而变成了多语言、多文化的社会了，这种转变不是自然而然产生的，尽管通常来说，瑞典人因他们的宽容心而自豪，但是许多人还是觉

————————

① 大约是20世纪70年代至90年代这个时间段。——译者注

得当他们真正面临着有巨大背景差异的移民时，他们的这种容忍感还是受到了挑战，常被包括美国人在内的其他文化所批评的种族自我中心、排外行为等现象在瑞典也有所抬头；另一方面，移民的大量涌入也向政府和公共部门提出了更多的要求，这些都最终转变成了瑞典国家经济上的、瑞典人民的以及他们的钱袋子的压力。

瑞典人对外国人的态度是矛盾的。今天，你很难找到一个没有出过国的瑞典人，许多人对国际饮食、外语及外国的一切都显示出了极大的兴趣，但是短暂的游历、简短邂逅不同文化背景的人与长期和价值观不同、信念不同的人为邻，那是完全不同的，毕竟，坦率地说，瑞典模式是由具有相同内在价值观的瑞典人一起建立起来的。

20世纪80年代至90年代间，瑞典的犯罪率大幅上升，原因可以或对或错地归结为移民的问题，尽管大多数移民是合法的，但是，毫无疑问，他们沾了瑞典社会制度的光。况且，总是有那样一些移民，要么失业，要么被安置在偏僻的移民居住小区，他们很可能因为没有能力融入瑞典社会而犯罪，而他们的罪行当然又会加重瑞典人对他们的不信任，这两方面的人之间有着太不相同的文化与信仰系统了。

移民们总是面临很多困难：通常，他们的失业率比瑞典人高很多，鉴于他们的文凭和专业资质并不被瑞典国认可，他们只能从事恶劣环境下的工作。现在，低于平均生活水平的种族聚集地的数量也在增长，许多研究显示，移民孩子的适应不良，不仅仅体现在身体症状上，而且还有精神层面，有移民背景的青少年自杀率更高。

尽管瑞典政府为移民提供了大量的财政资助，但是，瑞典人议论说，移民们大多不可能从事高薪水的工作，这种局面将长期存在，结果就是移民们无法真正自立（而自立正是瑞典核心的价值观），很难实质性地融入这个社会。

然而，情况也不总是糟的。移民在许多方面也给瑞典带来了积极意义，新的多元文化的社会已经创造了更多的开放性，而且促进了创造力。

瑞典已经变成了更加全球化和丰富多彩的人类居住地。

挑战二：经济压力因素

除了人口的多元化增长带来的挑战，环球经济因素也挑战着瑞典模式。

20世纪70年代的能源危机严重影响了瑞典，工业生产量在这么多年间首次出现了锐减，生产量的下降令人感到震惊和恐慌，因为它曾经是瑞典成为福利国家的经济增长背后的发动机，就在同一时期，来自其他低工资国家的竞争加大了瑞典在制船业、制鞋业和纺织业方面的压力，有些行业甚至彻底倒闭了，连锁反应是工人们要求上涨工资，劳资双方通过集体谈判，结果是工资提高了40%，这一调整又加剧了形势的恶化。

现在，我们可以约略地感觉到，福利国家所具有的权利和利益看来是被极端化了。如今的人们越来越清楚，进行新改革需要更多的投入：人口老龄化问题日显，越来越多的老年人需要照顾，有些社会福利正被滥用等问题都需要解决，但这些都还不在预算之内，最后，国家还不得不为照顾大量的政治难民投入巨资。

1970年以前，工业界与工会间几乎没有什么不和，但是，70年代初，这种局面发生了改变。新劳动法颁布后，工人和他们的工会有了更多的权利，他们开始发出更多的声音与企业讨价还价，要求也越来越多，而且，法律禁止开除员工，哪怕有正当的理由也不能轻易开除。所有这些，对员工及管理者之间的合作精神都产生了不利影响，其结果是，尽管工会越来越强大，但是不满情绪还是日益上升，尤其表现在面对全球竞争中压力不断增长着的雇主们身上。

（五）未来：勇往直前

或者可以说，所谓瑞典模式的辉煌时代不过是一种盲目的乐观。瑞典是一个非常有秩序的社会，几乎没有贫困；税收很高，但犯罪率很低；良好的教育和社会安全网络给每位居民以安全感，而这些在世界上很多国家不可想象。但是，也许正如本章前言所述，瑞典模式的成功仅仅是因为它扎根于某个特殊的历史时期，在这个特殊时段和特别的人口状况下，才有可能创造出这么一个整合了最佳社会福利和商业利益的国家。不过，你将在本书其他章节中阅读到，瑞典人将继续因他们居于世界领先地位并且深刻影响了其他国家而自豪。

第三章

瑞典的四个S：性、自杀、社会主义和烈酒

"人们都以为瑞典人的一生是这样度过的：前半生是充斥着泛滥的性自由和由刻板的社会主义主导着的生活，这种生活既多变又沉闷（似乎相互矛盾呀），然后以自我了断为结局（完全可以理解呀）。每个人都知道是这样的，除了瑞典人自己。"

——悦然·索尼森（Göran Sonesson）博士，隆德大学[①]

---

① 隆德大学（Lund University），建于 1666 年，位于瑞典南部，是一所现代化、国际化，具有高度活力和历史悠久的大学，世界百强大学之一。——译者注

　　在过去的五十多年间，一提到瑞典，人们总是会想到三个词：性（sex）、自杀（suicide）和社会主义（socialism），这三种刻板印象，外加一个——瑞典人似乎永远是醉醺醺的（spirits），就构成了四个S，虽然都有些事实依据，但又确实言过其实了。瑞典人并不纵欲过度，只是他们不太在意在公共场所露点，男女之间在性关系上更平等；自杀现象确实存在，但是整个国家忧郁的文化倾向以及对统计数字的专注夸大了这个病态的名声；社会主义并不等同于社会民主，是社会民主的政治系统创立了高福利的瑞典；同时，尽管瑞典人自古以来就喜欢喝烈酒，但是他们也必须上缴世界上最高的饮酒税，接受世界上最严格的饮酒管理。

　　这要归罪于艾森豪威尔，美国人（如果不是全世界的人的话）

对当代瑞典人的印象来自于时任美国总统德怀特·戴维·艾森豪威尔（Dwight David Eisenhower）在1960年7月芝加哥共和党公约会议上的一次发言，他不指名道姓地提到了一个欧洲国家，说这个国家的"社会主义哲学"使得自杀率高到"几乎难以置信"，而且在那里"醉鬼们"和"缺乏雄心壮志者"到处游荡。

再把"性"加上，你将看到瑞典的四个S统领了差不多全球一半国家的人们对瑞典人的印象，像许多刻板印象一样，这些观念也是有些事实依据的，然而，现实情况远没有传说那样触目惊心。

"关于瑞典的自杀、性或社会主义，压根儿就没有出现过任何令人震惊的数据支持"，隆德大学文化符号学副教授悦然·索尼森（Göran Sonesson）博士写道："论据如下：高自杀率的印象，跟关于自杀率的统计数字有关（瑞典人喜欢用各种统计数据来证明事实），另外两种印象，都是经验之谈，比如性泛滥的印象主要是因为那些外国人居住到瑞典后大失所望了，而社会主义的说法与瑞典人居住到国外后的失望不无关系。"（Sonesson，1995：12）

事实上，许多瑞典人认为四个S所代表的刻板印象非常无聊，有些人甚至认为他们伤害了自己。

（一）一S：关于性

【传说】

瑞典人是好色的和淫乱的。

【事实】

在许多外国人的观念中，性和瑞典总是联系在一起的，瑞典女人尤其被外国人羡慕,不仅是因为她们皮肤白皙、金发碧眼、面容姣好,而且因为她们能很平等地享受性快乐。

这种名声跟瑞典人对性和裸体的开放态度有关,但是这种态度在很多层面上是被电影夸大了的。1950年代由英格玛·伯格曼(Ingmar Berman)[①]导演的先锋电影和1960年代的维尔哥·萧门(Vilgot Sjöman)[②]导演的影片《我好奇——黄》等(I Am Curious(Yellow))里面有一些不加掩饰的性镜头,这些影片给瑞典带来了性解放社会的名声。如今,"瑞典影片"(Schweden film)这个词在德国就是色情电影的代名词,而在美国,"瑞典的"(Swedish)这个词有时会被作为形容词来增加产品的性感,从啤酒(有个美国啤酒公司的电视广告就是以"瑞典比基尼团队"为商业创意点的)到普通的按摩油或者避孕套都利用这个词。

那些渴望着到了瑞典就有艳遇的人其实是被误导了,事实上,无论是年轻人还是年长者,瑞典人并不比任何一个其他欧洲国家的人更滥交或离谱,而且,他们在性方面甚至更谨慎,所不同的是,瑞典人讨论性的时候是非常坦诚的(Rekdal,1997)。如同生活的其他方面一样,瑞典人在性方面也是理性和务实的,他们开放地谈论性,不带有自我敏感,也不像其他有宗教信念的国家的人那样害羞和有罪恶感。瑞典是一个相当世俗化的国家,人们不认为性是不

---

① 英格玛·伯格曼:1918年7月14日—2007年7月30日,瑞典著名的电影、电视剧两栖导演,杰出的电影剧作家,现代电影"教父","作者电影"最典型、最卓越的代表。代表作有《第七封印》(Het Sjunde Inseglet)和《野草莓》(Smultronstället)等。伯格曼从他对人类状态的探索中,发现了忧郁与绝望,同时也发现喜剧与希望。——编自网络,译者注

② 维尔哥·萧门:1924年12月2日—2006年4月9日,瑞典作家与导演。——译者注

好的事，反而是自然的、正常的或者可以在逻辑上进行规划的事，比如青少年就很容易获得避孕手段。瑞典人通常认为，年轻人性驱动力强，最可能性冒险，努力让他们禁欲是不现实的，于是，瑞典积极推进性教育，预防意外怀孕和性病传播，家庭生育服务和避孕建议也服务于所有年纪的人，当然，前提是由女性来决定生育孩子的数量和间隔的时间（The Swedish Institute，2000a）。

瑞典是最早实施家庭生育计划的国家之一。1933年，伊莉斯·奥特森—詹森（Elise Ottosen-Jensen）[①]，这位挪威的计划生育领军人物和瑞典人结了婚，并在瑞典建立了目前依然活跃的国家性信息组织（National Organization for Sexual Information, RFSU），这个机构及其他相关组织致力于提供性方面的咨询和信息，并促进预防艾滋病的教育与意识。

由于很容易获得性知识和避孕措施，加之对性的态度很务实，瑞典青少年的怀孕率远低于美国，瑞典现在仍然是欧洲生育率最低的国家之一，平均每一位女性只有1.5个孩子（1997年），远低于死亡率，不过，现在移民的大量涌入填补了瑞典人口的短缺。

1938年瑞典首次允许堕胎，但只能是药物或其他人文原因，1975年这些限制全面解禁，怀孕十八周以前，只要有要求，就可以堕胎，而且费用极低。尽管瑞典也有反堕胎团体，但是并不像美国类似团体那样有政治影响力。

性和裸体的区别在消除这种刻板印象中也是非常重要的。在瑞

---

① 伊莉斯·奥特森—詹森，也被称为奥特尔(Ottar)，1886年1月2日—1973年9月4日，挪威籍瑞典人，性教育家、记者、无政府主义者，主要工作是为妇女理解和控制自己的身体和性的权利而斗争。——编自网络，译者注

典，裸体并不等于性，六、七岁的孩子总是不穿衣服在海滩嬉戏，各个年龄段的女士都可能趁着短暂的夏日让自己裸露的上身暴露在阳光下，把这些行为等同于性，不仅是无知的还是有所亵渎的。在瑞典电视或电影中的裸体镜头并不像在美国那样被审查，瑞典更重视的是暴力画面的审查，在日常媒体或广告中看见裸露的女人或男人是司空见惯的，对于大多数瑞典人来说，在性情境之外的裸露不是什么大不了的事。

但这并不意味着瑞典没有色情，只不过，在一定的限制内，他们对色情也是相当包容的，不少瑞典人都会猝不及防地遭遇到由瑞典制作并在夜间的有线电视中播放的色情片子，儿童和青春期孩子也很容易看到。

《触目惊心》(Shocking Truth)，是瑞典制作人亚历克萨·沃尔夫（Alexa Wolf）拍摄的准纪录片，这一影片引发了对色情影片潜在危险的讨论。该片在2000年上半年放映，提示色情与青少年男性性犯罪（包括集体强奸）的增加有关联，而且，瑞典的性习俗与大量移民，尤其是来自穆斯林文化的人们相冲突，一系列的采访提供了这样的信息：年轻的中东男人或青少年以瑞典女性为强奸对象，是因为他们断言：强奸一名瑞典女性不像强奸其他国家的女性那么恶劣，理由是瑞典女性已经有过很多男人了，被强奸后不会给家庭名誉带来什么风险。这些采访引起了瑞典不同文化背景的人们的关注。

在瑞典，"性伴侣关系"的社会态度也有所改变。最近这三十年，大量的恋人选择同居而不是结婚，与其他国家比起来，这一趋势在瑞典更快地被接受了。如果有人向你介绍sambo(住在一起)，你遇到的肯定就是他的同居者，而非配偶，有着长期关系的恋人不住在一起，有时可能就是想用särbo（分居）来显示彼此是不同的，许多这样的伴侣是有孩子的，如果他们想结婚了，孩子将参加他们的婚礼，不少人甚至选择孩子受洗的那一天结婚。这些现象在保守者眼中都是反传统，在瑞典则完全被视为正常的并被接受。

（二）二S：自杀

【传说】

瑞典自杀的人数远多于其他国家的数量。

【事实】

正如世界各国的人都会自杀一样，瑞典当然也有自杀现象，然而，与其他国家相比，瑞典人的所谓高自杀率是被刻板印象放大了。

要比较自杀率，所提供的数据及其准确性是非常重要的。在许多国家，宗教教义或者社会信念认为自杀是不可饶恕的罪恶或犯罪，所以他们不会做这个现象的官方数据统计，但瑞典的国内统计中心（Statistiska Centralbyrån，SCB）却从没有这些顾虑，何况瑞典人还可能是世界上最专业的统计专家呢（Phillips-Martinsson，1991）。从17世纪起，自杀数据就已经被纳入瑞典人口统计里面了（这始于教堂的记录），也许是这些数字造就了瑞典显赫的自杀声誉。

研究结果显示，即使是追踪那些记录自杀数字的国家，瑞典的自杀率也无缘名列世界前茅。世卫组织的统计显示，瑞典的自杀率为每年十万分之14.2，远低于它的欧洲邻国们：立陶宛为十万分之43.7，拉脱维亚为十万分之36.0，爱沙尼亚为十万分之34.9，匈牙利为十万分之32.9，连紧邻的丹麦还有十万分之17.0，芬兰十万分之24.7呢，瑞典的数字只略高于美国的十万分之11.5和加拿大的十万分之12.3。最近的数字显示，瑞典每年尝试自杀的人大约有两万，1997年的一个数据显示自杀成功者为1200人。

表一   部分国家年自杀率

国家	年代（截止于2000年10月）	自杀率（每十万分之）
加拿大	1997	12.3
丹麦	1996	17.0
爱沙尼亚	1998	34.9
芬兰	1996	24.7
法国	1997	19.2
德国	1998	14.4
匈牙利	1998	32.9
拉脱维亚	1998	36.0
立陶宛	1998	43.7
荷兰	1996	10.1
挪威	1995	12.6
俄罗斯联邦	1997	39.3
瑞典	1996	14.2
英国	1997	7.1
美国	1997	11.5

如果这些数字是真实的，那么为什么瑞典会给人那种阴冷的自杀王国的印象呢？

第一个原因，来自于前基督教时期，即海盗时代。那时，只能吃饭而不能干活的人就是累赘，所以有些老人因为自己不能自食其力而自杀，那个时代的自杀没有任何道德污点，相反，它是勇气的象征（Elstob，1979）。还有，相当长的时间，自杀是不受法律惩治的，直到中世纪基督教的兴起和奥古斯丁教义的宣扬，才宣布自杀是种罪恶，自杀者的尸体被看作是腐化的，也不能被埋在公墓里，尝试自杀的人将被鞭打或投进监狱。直到1864年，自杀才被视为无罪的，后来，即使是协助自杀或鼓动自杀者，如果不是故意杀人也是无罪的。

第二个原因，可以归结为漫长黑暗的冬季和"英格玛·伯格曼综合征"（Ingmar Bergman syndrome），这个症候群是指总有些电影制片人把电影拍得很黑暗、很阴冷，将焦虑或抑郁情绪表达成瑞典国家突出的特征。瑞典的北方，冬天确实又长又黑，加之，正如我们下章将要谈到的，瑞典民间传统文化流露出一种倾向：那种沉湎于过去的情绪、怀旧的情结、苦乐参半的、抑郁的氛围在乡村诗人、作家和作曲家身上迷漫。

的确，瑞典人不喜欢表达自己强烈的情感，包括愤怒或不同意，这种倾向体现在瑞典文化的许多方面。一位美国心理学家在瑞典自杀的案例中注释道："对他们来说，开放地表达出自己的愤怒或直率地批评周围人尤其困难。"（Austin，1968：33）

1970年的报告显示，工作和经济压力至少是一半人自杀的原因。斯德哥尔摩大学社会调查研究所进行的更广泛的调查发现（1996年），10%的自杀与失业有关，正如我们前面提到的，不愿意成为别人的负担一直是瑞典人的传统，我们在第五章也将提到，恪尽职守即坚持工作对每个人都是至关重要的，这份1996年的调查还显示，30—40%的男性自杀缘于酒精，可能是酒精滥用会导致孤立感和抑郁情绪，而这些一般都与自杀相关。

瑞典的自杀率保持相对稳定，但比外国人猜想的低得多，只有一组人群的自杀率这几年有明显提高，那就是移民家庭的青少年，这可能反映出了他们在文化、社会和人格适应方面的困难。

（三）三S：社会主义

【传说】

瑞典是社会主义的最后阵营之一。

【事实】

瑞典是一个真正的社会主义国家吗？这个答案取决于"社会主义"这个定义。如果你问普通的瑞典人，他或她会更强调瑞典这个提供了大量福利的国家的极大的民主性——因为是社会福利国家，因此也就是社会民主国家。

瑞典当然还是资本主义国家，这似乎有点儿悖论，它拥有世界上最强大的工会（trade unions），还有许多著名的跨国公司，如爱立信公司（Ericsson）①、ABB②、伊莱克斯电器（Electrolux）③、沃尔沃集团（Volvo）④、萨博公司（SAAB）⑤。尽管瑞典的劳动党

---

① 爱立信公司：1876 年成立于斯德哥尔摩的爱立信公司（Telefonaktiebolaget LM Ericsson）是瑞典最大的一家从事电子、通信等业务的公司，是世界著名的电信生产企业，其固定和移动通信网、移动电话及信息通信系统等方面的技术，在国际电信业中居领先地位。——编自网络，译者注

② ABB：是电力和自动化技术领域的全球领导厂商，致力于为工业和电力行业客户提供解决方案，以帮助客户提高业绩，同时降低对环境的不良影响。——编自网络，译者注

③ 伊莱克斯电器：1919 年创建于瑞典，总部设在斯德哥尔摩。——编自网络，译者注

④ 沃尔沃集团：又译"富豪集团"，创建于 1927 年，是世界最大的卡车、客车及建筑设备的生产商之一，在海洋及工业能源系统方面和飞机发动机元件领域占有领先地位。2010 年 8 月，中国浙江吉利控股有限责任公司完成了对福特汽车公司旗下的沃尔沃轿车公司的全部股权收购。——编自网络，译者注

⑤ 萨博公司：萨博公司由斯堪尼亚汽车公司和瑞典飞机有限公司合并，原飞机公司瑞典文缩写为 SAAB，后即作为公司轿车的标志。——编自网络，译者注

派——社会民主党，在过去差不多七十年都在努力，但国有资产的拥有量还是低于许多工业化国家，1997年，它只有少于10%的国有公司，而同年的法国却高达30%以上（Rekdal，1997）。

不管怎样，瑞典人关于社会主义的概念并不像美国人认为的那样有消极含义。对多数美国人来说，社会主义差不多就是共产主义的同义词，是被痛斥的一种政府形式。社会主义也包括公费医疗、公共卫生保健服务系统，这是很多美国人所不了解的，因而，美国的政治家们抨击它为"非美国式的"。

然而，对于瑞典人来说，社会主义是指将整个社会作为一个整体来考虑，社会福利要覆盖所有人；美国社会崇尚个人利益至上，瑞典则更重视群体利益。社会民主党自1932年执政以来，一直强调这一点，许多瑞典人见证了在社会民主党领导下，这个国家由非常贫穷一跃成为世界上最高生活标准的国家的飞速变化，正如我们在第二章中讨论过的，瑞典的社会政治模式是通过建立"人民之家"（folkhemmet）来为全体公民提供安全和安康保障的，尽管20世纪90年代还是出现了一些问题，如高失业率和社会福利的削减，但社会民主党仍然得到很多支持，瑞典人以生活在一个进步的、成熟的国家系统里而感到自豪，在这里，超出常规的事几乎无容身之地。

瑞典之所以有这么一个结构化的国家系统，原因在于"'集体决策'（collective decision making）信念的确立——即由中央政府做决定——这保证了最大程度的公平（Daun 1996，138）"。与其他国家形成鲜明对比的是，一直以来，中央政府在瑞典国民中始终享有最高程度的接受度。而在美国，不信任政府差不多成了国家特色的一部分，不过，根据斯德哥尔摩大学的政治学家汤米·穆勒

（Tommy Möller）的观点，20世纪90年代，这种接受和信任渐渐被侵蚀，而这股暗流起自于70年代。

20世纪90年代早期，一个非社会主义同盟政府被选举上台，开始尝试做一些重大改变，包括削减部分补助金，不过，相对于瑞典惯有的标准而言，这一举措走得过快过远了，所以，在随后一届的选举中，社会民主党又一次上台[①]。正如常言所说："还是知根知底的好一些。"社会民主党虽然继续削减一些福利，但也尽力保留着许多支持系统，以维持人民之家的治国理念。

（四）四S：烈酒

【传说】

有人说，瑞典人的酒精消耗量占世界首位，尤其是烈性酒（hard liquor）或烈酒（spirits）。

【事实】

1467年，斯德哥尔摩一位商人接到一船"白兰地"（aqua vitae）——一种用于制造火药的酒精类化学物品，后来发现它竟然能喝，之后，"白兰地"（Aquavit）——现在我们仍是这么称呼它——就在瑞典找到了它永久的家。

尽管这一百多年来，瑞典人一直与社会上的饮酒限制条令进行

---

① 原著第一版出版于 2001 年。目前瑞典的执政党是几个党派的联合体——所谓中庸党，它的政策比较有利于中产阶级，即工作付出多的人享受更多的福利；而社会民主党为底层人考虑得多，不工作或少工作一样能够有比较好的生活，这样无形中鼓励了懒散。——译者注

抗争，但他们的内心依然纠结于是不是应该戒酒，虽然这个国家的生活是自由、宽松的，但是在饮用酒精的限制上，却一直都是欧洲最严格的国家，瑞典政府制定了最苛刻的法律以处罚酒后驾车——血液中的酒精含量限制在0.02，这基本就是个零容忍政策。

瑞典巢居在芬兰、俄罗斯和波兰等国所构架的"伏特加带"（vodka belt），像它的邻居们一样，瑞典人从古至今就喝如伏特加一类的烈性酒，而不是啤酒或一般的白酒（wine）[①]，后两者是更南面国家的人们的首选饮品（Phillips-Martinsson,1991）。20世纪，雇主们会给蓝领工人一点儿"动力"（snaps）以让他们在工作中身体保暖并充满干劲，那时，瑞典人每年每人消耗十加仑烈性酒（Childs，1947），大部分是白兰地和brännvin（一种瑞典人在家里就可以蒸馏出来的加了香精的白兰地）。如此高的酒精消耗量应该说是又长又冷又黑的冬季造成的，还有就是瑞典人的抑郁倾向——当然这又是另外一个偏见。

如同在其他文化中一样，酒精在瑞典人的生活中扮演了社会润滑剂的作用。按瑞典民族学家阿克·道恩（Åke Daun）[②]的话说，酒的社会和心理作用之一就是"减轻个体自认为自己是很愚蠢的恐惧——比如，焦虑的人总觉得自己说错了话"（Daun，1996：51）。酒精帮助一些瑞典人感到放松、幻想新角色、减少被抑制感，正如另一个同样有着严格社会遵从文化的日本社会一样，只要喝了酒，做的事、说的话都可以不算数；不幸的是，喝多了酒确实

---

① 白酒的酒精含量一般最多15度，而烈酒一般30、40度。——译者注

② 阿克·道恩（1936—），瑞典著名的欧洲民族学教授，认为瑞典人的人格特质包括：害羞、独立、避免冲突、客观性、愁绪、节俭的情感表达，著有《瑞典式思维》（Swedish mentality）等著作。——译者注

不被他人欢迎，有些瑞典人放假期间在国外过度豪饮，真的让自己成了傻子。

意识到酒精对健康的危害后，瑞典政府在20世纪初就采取措施进行了严格的控制，公共配给即每月通过配额预定酒精量的政策一直实施到1955年。当美国公共服务政府通告美国公民要负责任地饮酒时，瑞典政府公开的目标依然是控制公民们的饮酒量。

很多年来，瑞典政府持续通过叫做Systembolaget（Systemet）的连锁国有酒局来垄断国内的销售，以达到严格控制私人进口酒精数量的目的。跟欧洲其他国家不同，在瑞典，白酒（wine）或啤酒（除非很低或者不含酒精）在当地的百货商店或超市是找不到的。每周五晚上，在酒局排一个小时（当然重大节日时肯定会排更长时间的队），等着买一瓶好白酒或一箱六瓶装啤酒，已经是瑞典人生活中不可避免的一部分，然而，有些人还是会觉得尴尬，所以他们把酒塞进装饰了花纹的袋子里，更有甚者，还把这个袋子再塞进一个大袋子或公文箱里以躲开别人的打探，即使是酒瓶发出的叮当声也会给有些人带来羞愧。①

通过价格政策和品种多样性的提高，酒局对白酒和啤酒消费量的刺激远甚于对烈性酒，瑞典对烈性酒精饮品征收的税是全欧洲最高的，这足以让美利坚合众国汗颜，差不多一瓶瑞典白兰地（brännvin）价格的90%都是税(更宽松的欧盟进口限令可能会大幅度削减这个国家的收入)。瑞典努力通过在商店里宣传戒酒对健康的好处来证明其政策

---

① 为什么被别人知道买了酒会令瑞典人如此尴尬呢？"瑞典人对酒精的认知失调差不多与美国人对于性事的认知失调一样"，一位在瑞典生活了五年的美国管理咨询师Marc Bunger这么解释，"问题在于你在公众场合所做的与你关起门来在家所做的不一样。"（2000）——作者注

的意义。瑞典政府根据酒精销量的统计数据，证明这些努力已经见效，1998年瑞典的酒类销量排在全欧洲最后，每人4.9升，远低于排在第一的卢森堡——人均13.3升（Systembolaget，2000），这样，瑞典人也更少罹患与酒精相关的疾病。

因为酒在本国的价格极高，瑞典人外出旅游回来时通常会带回不少酒。在过去，如果每人带回超过1升的烈酒或2升的白酒，按照瑞典法律就会被处罚。近些年来，瑞典渐渐放松了限制，以跟欧盟的标准接轨——欧盟允许个人带回国10升烈酒和90升白酒。

然而，瑞典政府也不可能毫不挣扎地就屈服于欧盟的条令。1996年，欧盟规定国家可以通过零售店保留酒局和它的酒类垄断，瑞典自1995年加入欧盟后，也被允许在欧盟条例免税框架之下为其进口限令保留一席之地。瑞典还试图将这一例外延长五年，即截止到2000年6月，理由是考虑到健康的原因。瑞典公共健康研究院（Public Health Institute）出具的一份官方报告显示，如果欧盟的政策用于瑞典，那么与酒精相关的死亡数量每年将增加一千例，不过，欧盟的官员对此似乎不以为然。

一些权威人士预测，如果限令放宽，酒局将不复存在，那么便宜的欧洲烈酒就会流进这个国家，很多地区的酒局就无钱可挣。当然，酒局也采取了不少措施讨好消费者，比如，2000年，397家酒局中的三分之一都在星期六开门营业了，这可是十八年来首次在周末的瑞典可以买到烈酒[①]。还有，在斯德哥尔摩郊区的一个零售店，

---

① 这里有一个渊源：1982年前，酒局在周六是开门的，后来，实施了一个为期四个月的星期六禁酒试验，结果显示，入室破坏的犯罪下降了7%，伤害案下降了8%，因而有了周六酒局不开门的规矩。——作者注

商家专门安排了现场娱乐活动，陪伴周五晚上排着长长的队伍、等待买酒的消费者们。

"对于美国人来说，这样的事听起来或许很夸张，但是我保证，如果你把这样的变化告诉一个很久没回家的瑞典人，他一定会大跌眼镜"，瑞典作家兼专栏作家Ulf Nilson写道。（Nilson，1998：7）

第四章

民族自豪感：国家浪漫主义

"我是如此幸福，因为我是瑞典人。"

——瑞典流行歌曲的歌词

　　瑞典人的民族自豪感跟其他欧洲国家的民族主义不同，相反，它具有更多的国家浪漫主义情怀；瑞典人迷恋于国家发展和人民美好生活的理想前景；他们为自己的社会政治系统、务实的君主政体、传统的机械工程技术而自豪；他们热爱自己的民歌和音乐；他们享受自然风光和文化遗产带给他们的忧郁情绪；他们对国旗充满感情，更多地将她当成饰物而非大国主义的符号。尽管今天依然可见瑞典人的国家浪漫主义情怀，但是它那理想化的愿景因1986年总理奥洛夫·帕尔梅（Olof Palme）的暗杀而受到重挫，而且，1995年瑞典加入欧盟了，一个更加具有政治意味的民族主义精神出现了。

　　瑞典人因这个国家优秀的民族传统而自豪，因人人平等的国家体制和创建了这个体制的先辈们而自豪，因这个国家的发明家、工程师、艺术家、音乐家、运动员，还有政治上的不结盟意志而自豪，更何况，由于质量好、有创意、设计时尚，他们的产品在海外享有很高的声誉。当外国人赞赏瑞典的成就时，或是辨出一些瑞典名人，哪怕是认出一个与瑞典有关的人时，瑞典人都会非常高兴。"如果一个美国运动员有一个很远的瑞典祖先，他或她立刻就变成了瑞典的'子孙'了。"一位居住在瑞典的美国人玩笑道。

即使是离开了瑞典，瑞典人仍固守着他们的瑞典风格，某些情况下，他们甚至比在瑞典的家时更遵守瑞典式的习俗与行为。

但是瑞典人的民族自豪感与过去几十年在欧洲出现的民族主义并不相同，尽管瑞典人与她的邻居共有许多文化特质，但是，她没有可以用以庆祝的独立日或解放日。而邻国挪威，要纪念两个日子：一是1814年5月17日从丹麦统治下独立出来的纪念日；二是1945年5月8日从二战的纳粹统治下解放出来的纪念日。另外，尽管瑞典人忠诚并效力于自己的国家，但并不试图将自己的文化强加给其他国家，他们的民族自豪感也不像星条旗下的美国人那样有各种各样的爱国形式。

瑞典人更像是在与他们的国家谈一场恋爱：快乐的感情、淡淡的忧郁、理想化的恋人，总是如明媚的夏季般的宁静社会溢满心怀。这种瑞典式的田园诗——如同理想中完美的圣诞节那样从来没有真正存在过，但这并不重要，重要的是，它可以存在。

（一）模范社会

瑞典的自豪感涉及生活的很多方面：社会政治理想、务实的君主政治、传统的工程机械优势，以及诗人和音乐家身上透露出的民族主义浪漫情怀。瑞典人对包括国旗这些象征物在内的符号都更多的具有文化情感，在瑞典，国旗更多地用于装饰，而不是显示国家沙文主义。

正如我们已讨论过的，瑞典人有人民之家及其深刻的含义做后盾：平等、公平、正义、团结、安全与保密的权利。当今的多数瑞典人成长在瑞典被视为现代理想社会的时期——既为她的公民铺平了竞争之路，同时又大幅度地减少了在其他国家（包括美国）存在着的严重的贫穷与苦难现象。令瑞典人非常自豪的是，他们所感受到的社会系统更多的是发展、慈爱和成熟，而不是不得不为了生存或获得财富而挣扎。

当然，瑞典人有自己表达自豪感的方式，那就是瑞典式的谦虚。我们将在第六章里讨论瑞典文化中的适度现象（lagom），让瑞典人对任何有自我吹嘘嫌疑的人——哪怕他不是为了个人意愿，而是为了国家，也会侧目相看。

"真有什么典型的瑞典式谦虚吗？"斯德哥尔摩报纸《瑞典日报》（Svenska Dagbladet）意味深长地发问道："或许它就是不让你表现出作为瑞典人的自豪吧？"如果你想那样做，那么还请你有所保留。社民党的英瓦尔·卡尔松（Ingvar Carlsson）[①]在1994年再次竞选首相时，提起了自己年轻时第一次访问美国芝加哥时的感受，当看到世界上最富裕的国家还有如此贫困的地区时，他忍不住说："我几乎以生活在瑞典这样的国度为荣了。"（Palmer，

[①]　英瓦尔·卡尔松，1934年11月9日生人，瑞典的政治家，前瑞典首相和瑞典社会民主党主席。——译者注

2000：104）。哈哈，试想一下，一位说自己"几乎"以祖国为荣的美国总统有可能连任吗？恐怕只能乖乖地下台吧！可是在瑞典，这种谦虚就可以被人们接受。

然而，无论是不是会表达出来，很多人内心都有一个渴望，即如果可能的话，每个国家都应该做得像瑞典一样。早在20世纪90年代早期，当一位瑞典朋友说起"东欧的一些'新'国家正将瑞典作为其政府效仿的对象"时，一位在瑞典工作的美国女士就意识到了这一点。

现在，尽管产业界与劳动者间的关系不再像过去那么和谐，瑞典仍然是世界上最团结的国家之一。瑞典人以他们的国家具有能够理性解决劳工问题的历史而自豪，这个国度总能有效地避免全国性罢工和其他劳工动乱，这确实是其他国家难以做到的。

瑞典人对他们国家曾经威武的军队历史感到骄傲，17世纪的瑞典是欧洲强大的国家，可惜，当19世纪初被沙皇俄国打败，其后又向芬兰投降之后，荣耀就消失了，战败后，瑞典人乘上了和平时期中立、战时不结盟之舟（然而，这并未妨碍她对于在第一次世界大战时被分割的命运充满同情，在第二次世界大战时更强烈地倾向于盟军）。不过，和平主义毕竟越来越被重视，今天，基于非暴力解决问题的信念，瑞典人因他们的和平主义和中立态度而自豪，正如其他国家的人们以他们的军队而骄傲一样。

因为信奉不结盟，瑞典人对美国人卷入越战非常不满，当时，瑞典还接受了不少美国有良知的反战者。如今的瑞典人（还有斯堪的纳维亚人）以他们能在中东各国家间实现对话以及积极努力督促联合国维护和平而自豪，于是，瑞典人常常用自己的经验和标准去评判其他国家，然后发现人家有很多不足，有人可能把这种态度称为民族主义，然而，不少住在瑞典的外国人会耸耸肩说，这其实不过是瑞典人的天真，甚至是一种自负罢了。

（二）以皇室为荣

在瑞典这样一个如此推崇平等主义的国家竟然还存有国王、皇室及皇宫，这多少有些让人觉得奇怪。在其他君主制国家，国王和王后仍然可以不同程度地行使特权，但是在瑞典，严格地说，卡尔十六世古斯塔夫（King Carl ⅩⅥ Gustav）的角色只是一种礼仪。多年以来，瑞典人总是定期讨论是否要取消皇室，但是多数瑞典人更支持保留它，尤其是老一代瑞典人。

事实上，瑞典的皇室家庭是很受大众欢迎的。当国王卡尔十六世古斯塔夫与平民出身的有德国、巴西两国血统的混血女子西尔维亚·萨莫拉丝（Silvia Sommerlath）①在20世纪70年代喜结连理后，皇室的声誉得到了真正的提升。西尔维亚是一位迷人而智慧的女人，深受瑞典人喜爱，人们经常将她与女作家阿斯特里德·林格伦（Astrid Lindgren）②相提并论，后者因创作了众多角色，尤其是令人难忘的长袜子皮皮而成为最受瑞典人钦佩的女性。王后的女儿，维多利亚王储（Crown Princess Victoria）③也非常出色，

---

① 西尔维亚·萨莫拉丝，1943 年 12 月 23 日出生于德国，母亲为巴西人。1976 年 6 月 19 日与国王结婚，育有二女一子。——译者注
② 阿斯特里德·林格伦（1907—2002），瑞典著名儿童文学作家，曾于 1958 年获得国际安徒生奖章，主要作品有《长袜子皮皮的故事》《小飞人》等。——译者注
③ 维多利亚王储，1977 年 7 月 14 日出生，王位继承人，2010 年 6 月 19 日与平民健身教练丹尼尔·韦斯特林（Daniel Westling）结婚。——译者注

皇室家庭还包括王子卡尔·菲利普（Carl Philip）①和小公主玛德琳（Madeleine）。②

　　瑞典人总是以他们皇族的高贵与谦逊为荣。瑞典的媒体对君主的生活更感兴趣，但是他们所能给狗仔队提供的"饲料"远比英国皇族少得多，瑞典的皇室成员受欢迎的一个原因是他们过着非常普通的生活，不过度、不奢侈，正如我们下一章要讨论的，信奉均等主义的瑞典人绝不可能容忍皇室成员自认为他们比其他人高贵。

（三）好品质与高技术

　　在一个强调平等的社会里，英雄几乎是不存在的。然而，有趣的是，在瑞典，最能占据英雄地位的人是那些伟大的发明家和学者们，如果你没听说过这些人，去吧，随便问一个瑞典人，他们都会很乐意告诉你他们的名字。

　　相对于这个国家的领土面积，瑞典的发明创造的数量是相当惊人的③，一个重要的原因在于从海盗船的发明开始，瑞典人就把工艺放

---

① 　卡尔·菲利普，1979 年 5 月 13 日出生。——译者注
② 　玛德琳，1982 年出生，2013 年 6 月 8 日与美国银行家克里斯·奥尼尔（Christopher O'Neil）结婚。——译者注
③ 　日常生活中的主要有：拉链、免费地铁报、除湿设备、彩色计算机图形、真空吸尘器、家用冰箱、摄氏湿标、伽马刀、速冻蔬菜、血液透析机、心电图记录仪、安全火柴、节能灯泡、温度计、活动扳手、无菌纸包装技术、滚珠轴承、心脏起搏器、鼠标、三点式安全带、儿童安全座椅、卫星导航系统（GP&C）、现代电话交换机、蓝牙技术、温室效应、网络电话 Skype、音乐播放软件声破天（Spotify）等。——编译自网络，译者注。

在重要的位置上了，瑞典人认为约翰·爱立信（John Ericsson）[①]，这位在美国内战时发明了铁壳监控器的瑞典裔美国人就继承了这一传统。19世纪后期，几家瑞典小公司通过革新跃升为跨国大公司，它们在瑞典被称为"天才公司"（genius firms），如沃尔沃、伊莱克斯和爱立信等。

拉斯·麦努斯·爱立信（Lars Magnus Ericsson）[②]曾当过农民、铁匠和铁路工人，有幸于1876年获得了一份学习电子技术的奖学金，后来就从事电报工作。但是在学了贝尔（Alexander Graham Bell）的电话技术后，他决定进行电话制造，除了发展带有手摇微型话筒的桌面电话，爱立信还研制了整个电话网络的设备。19世纪80年代中叶，他制造了第一台自动电话交换台。1903年，当爱立信先生从管理岗位退休时，他的公司已经进行环球运营了。如今，爱立信公司拥有差不多几十万人，并在全球的通讯业中扮演着重要角色。

另外一位著名的发明家是发明了炸药的阿尔弗雷德·诺贝尔（Alfred Nobel）[③]。今天，他的名字与诺贝尔奖紧密相连，按照他的愿望，他去世后建立了此项基金。

其他鲜为人知的发明还有：

1.安全火柴（the safety match）。1844年，古斯塔夫·艾瑞

---

① 约翰·爱立信，1803年7月31日—1889年5月8日，出生于瑞典，美国海军工程师和发明家，建造了世界上第一台有装甲炮塔的军舰，改进了螺旋桨。——译者注

② 拉斯·麦努斯·爱立信，1846年5月5日—1926年12月17日，瑞典发明家、企业家及爱立信电信设备公司创造人。——译者注

③ 阿尔弗雷德·诺贝尔，1833年12月21日—1896年12月10日，瑞典化学家、工程师、发明家、武器制造商，诺贝尔奖的设立者。——译者注

克·派斯克（Gustaf Erik Pasch）[1]发明了一种火柴，以此替代含有有毒的白磷的日常火柴，但是，此安全火柴并没有大规模生产。后来，一位叫亚历山大·拉格门（Alexander Lagerman）[2]的瑞典技师制造了一种机器，这种机器使得大批量地生产安全火柴变得很划算，如今，一百多个国家都在进口瑞典的安全火柴。

2.现代拉链（the modern zipper）。早在1893年，一位名叫惠特科姆·琼斯（Whitcomb Jones）的美国人就因一种叫拉链（zip）的发明而获得了专利，可问题是它并不好用。瑞典人吉德昂·逊德巴克 （Gideon Sundbäck）[3]在1913年提出了一个新的设计，看起来更像今天的拉链(zipper)，他也因此而被认为是现代拉链的发明者。

3.滚珠轴承(the steel ball bearing)。1905年，年轻工程师斯文·温奎斯特(Sven Wingquist)[4]在他工作的纺织厂操作一个机器时遇到了麻烦，这个麻烦的解决之道就是滚珠轴承，为了生产这种轴承，他创建了瑞典轴承公司(Svenska Kullagerfabriken，缩写为SKF)，到1918年，这个公司在全球的员工已达12000人。

著名的瑞典学者还有集科学家、植物学家和医生为一身的卡

---

[1] 古斯塔夫·艾瑞克·派斯克，1788 年 9 月 3 日—1862 年 9 月 6 日，瑞典发明家、化学教授，安全火柴的发明者。——译者注

[2] 亚历山大·拉格门，1836—1904，瑞典工程师。——译者注

[3] 古德昂·逊德巴克：1880 年 4 月 24 日—1954 年 6 月 21 日，瑞典裔美国籍的电机工程师。——译者注

[4] 斯文·温奎斯特，1876—1953，瑞典工程师、发明家和实业家，瑞典轴承公司 SKF 的创造人之一。——译者注

尔·冯·林奈（Carl von Linné）[1]，他发明了双名命名法，用此方法，他将植物和动物进行了分类，这种分类系统是给每一个生物一个属名和种名，如智人（Homo sapiens），这种分类法最早记载在1735年的公开出版物《自然的系统》（Systema Naturae）中。

摄氏（Celsius）温度衡量是由安德斯·摄尔修斯（Anders Celsius）[2]发明和命名的，他既是天文学家也是数学家，工作在瑞典最古老的大学——乌普萨拉大学[3]。

20世纪，瑞典一词几乎是"高品质"的同义词，因此，瑞典的产品成功打入了国际市场，当然，高品质是一个取决于旁观者的观察眼光的概念，瑞典人自己认为，优质意味着设计精良并经久耐用。如果你要问一位现在还开着1981年产沃尔沃汽车的瑞典人对美国人那么热衷于每三年就要更新一次汽车有什么看法时，瑞典人的答案是：（对于美国产品）这不算频繁。在美国的瑞典人经常抱怨家里面的、车子里面的以及各种日常用品既不细致又缺乏工艺和保养，他们把这些东西称为"一次性"产品，"一旦拥有，哭个不休"是他们对这些产品的评论。

然而，有优势未必一定有地位。事实上，从商人的角度来看，

---

① 卡尔·冯·林奈，1707 年 5 月 23 日—1778 年 1 月 10 日，瑞典博物学家，动植物双名命名法的创立者。1735 年发表了最重要的著作《自然系统》，1737 年出版《植物属志》，1753 年出版《植物种志》，建立了动植物命名的双名法，对动植物分类研究的进展有很大的影响。——译者注

② 安德斯·摄尔修斯，1701—1744，瑞典物理学家、天文学家，瑞典科学院院士。——译者注

③ 瑞典语为 Uppsala Universitet，位于瑞典东南部的乌普萨拉，建成于 1477 年，是一所北欧国家历史最悠久，同时也经常排名于世界前 100 名内的公立大学。——译者注

有的时候优质也会产生问题，比如，瑞典的公司经常抱着只要质量好就不愁销路的信念进军美国市场。然而，在美国进行销售，还要考虑其他因素，比如价格、易获得性、外观等等，所有这些都必须符合市场需求才行。瑞典人的骄傲可能阻碍了产品的销路，但是，瑞典人并不屑于向外人解释为什么他们的产品是最好的，那还不是明摆着吗？就因为他们是瑞典货呀！

（四）民族浪漫精神

有的时候，真的很难相信，一个有着这么多严谨理性的工程师的国家，骨子里是那么的浪漫——不管浪漫程度如何！瑞典的民族浪漫主义可以从这个国家丰富的民歌与诗歌中感受得到。瑞典是个很情绪化的国家，从这些诗歌的旋律中就可以捕获到这种情绪的核心：瑞典的诗歌总是充满着对忧郁情感、大自然的感恩、户外生活和普通民众的迷恋。

即使是瑞典的国歌——《这片古老而自由的土地》（Du Gamla Du Fria)[1]，其实质也是一首对大自然的颂歌，这首歌虽然谈及瑞典曾作为昔日欧洲强大国度的辉煌，聚焦的却是这片国土的美丽——"太阳、天空、那青葱的草地在微笑"的歌词感动着瑞典国民，正

---

[1] 瑞典国歌的大意是：你古老，你自由，你位于北方的高峰山脉；你宁静，你愉悦，你是那么美好；我向你，地上最美丽的土地，致敬！你的太阳、你的天空、你的翠绿草场；你耸立于你古老光荣的岁月，当受尊贵的名字响彻地球，我知道你现在、将来都如你昔日一般。对，我愿生于斯、长眠于斯。——感谢刘炬提供英文版本，并编译自网络，译者注。

如其他国家的人们会被"原子弹爆炸"照亮了国旗而感动一样。

在欧洲人中，只有瑞典人（也许还有芬兰和挪威人）所拥有的忧郁气质可与葡萄牙人相提并论，但是当葡萄牙人为思念远方的爱人而悲伤时，瑞典人的忧郁则表达的是一个民族对美好的过去——那个既艰苦奋斗又与美丽的大自然和睦相处的时代的集体回忆。

"瑞典人的天赋……那种特有的忧郁的伤感，可能来自于渴望完美但又无法达到的强烈的感觉。"（Austin，1968：128）

为了追求那让他们自豪的"理想"，即使是在当代社会，"瑞典人也真实地感到了一种对忧虑、怀旧和烈酒的需要"，一个瑞典人这么解释道。生活是艰难的，但是也很美好，这并不是外国人猜想的为了度过漫长而黑暗的冬季人们给自己的心理暗示。瑞典人会被哀婉动人的诗歌、描述森林守护者孤独的心境、工人们的生存和生与死这些人类生存基本主题的歌曲所打动，这些歌曲表达了瑞典人浪漫的一面，那是一种潜藏在他们保守而理性行为背后的激情。

几乎没有一位瑞典的诗人和音乐家具备安德森（Dan Andersson）[①]——这位出身工人家庭，身后才被认可为最著名的诗人和小说家——那样敏感地描绘忧伤的情感，他的作品，很多都被转换为音乐形式，通常描述的是芬兰马克——这个他所出生的瑞典中部乡村地区的工人阶级的生活。安德森的生活被工作占据着，被快乐、悲伤和死亡纠缠着，他的生活极端贫穷，一生做过很多种工作，包括烧炭，他后来在好几首诗中把这种工作描绘成寂寞而肮脏的。安德森活着的时候，作品几乎不被人所知，但是死后，他的一名崇拜者宣传了他，直到今

---

① 安德森（1888—1920），瑞典音乐家、作家、最受欢迎的诗人。——译者注

天，他的作品依然被世人所仰慕。①

　　然而，在阳光灿烂的夏日，人们所吟唱的并不是安德森那苦中带甜的诗歌，而更可能是依渥特·涛比 (Evert Taube)② 的热情洋溢的民谣或者是卡尔—迈克尔·贝尔门 (Carl-Michael Bellman)③那充满活力的诗篇。

　　无论是在瑞典音乐界还是在瑞典人的心中，涛比都占有独特的地位，因为作为瑞典当代最受喜爱的民谣歌手，他兼集作家、歌手、作曲家和诗人为一身，他是一名多产作家和作曲家，创作了二百多首歌曲，他还经常为自己的书做插图，但是，直到晚年，他才被苛刻的评论家们郑重其事地认可为作家和诗人。年轻时的涛比是一名海员，他详尽地描绘了在南部海域航行的日子，有一些歌曲写于他曾生活过五年的南美，他的作品描述了海员丰富的生活以及斯德哥尔摩北边的罗斯拉根群岛（Roslagen）的景色，还有瑞典的布胡斯省（Bohuslän）粗犷的西海岸的美丽。他记录旅程的每一件事，作品包括从描述充满激情的酒吧间、旅途中的妓院的民谣到精致美丽的爱情歌曲，他的歌曲被用多种语言翻译和表演。几乎没有一个瑞典人不记得他的几首歌，即使是记不住歌词，在美好的夏日聚会上，当主人拿出一份在家里打印或手写出来的歌谱时，大家也

---

①　与他那悲惨生活吻合的是，安德森英年早逝，1920 年死在斯德哥尔摩的一间旅馆里，死因是氰化物中毒。氰化物通常被用于杀跳蚤和其他害虫，他房间的卧具已经被这种物质严重污染了。——作者注

②　依渥特·涛比（1890—1976），瑞典作家、艺术家、作曲家和歌唱家，被认为是瑞典最受尊重的音乐家和 20 世纪最著名的民谣歌手。——译者注

③　卡尔—迈克尔·贝尔门（1740—1795），瑞典诗人、词作家、作曲家和演奏家，对瑞典的音乐和斯堪的纳维亚地区的文学都有重要影响。——译者注

都能唱得出来（唱本只有歌词，这足以说明，那著名的旋律每个人都耳熟能详）。这些歌曲中最著名的有《卡列·斯凯文圆舞曲》（Calle Schewen's Waltz）——这是一首赞颂罗斯拉根群岛的华尔兹，还有《莉莲写给父亲的信》（The Letter from Lillan）、《美丽的海伦》(The Beautiful Helen)（也称作"秘鲁女孩"The Girl in Peru）。

贝尔门生活的时代比安德森和涛比早一百多年，但他田园诗般的作品和对生活充满激情的描写依然萦绕在18世纪穷困潦倒的斯德哥尔摩，至今人们都还记得像"鲁特琴歌的莎士比亚"（Shakespeare of the Lute Song）一样抒情的他。生前的他在那个前工业化的斯德哥尔摩是那么家喻户晓，他的出名一方面是因为他是国王喜爱的作曲家，二是因为他也是吟唱低俗作品的歌手。那时，这个堆满垃圾的、肮脏的、仍然停留在中世纪的城市是酗酒者的乐园，在这里可以摆脱维多利亚时代清规戒律的压抑感，贝尔门歌颂这些喝多了还喝、越喝越高的、最后醉得连衣服都脱掉了的市井民众！哇！

除了他活泼的作词，贝尔门也创作令人难以忘怀的美丽旋律。他的最著名的声乐套曲是《弗雷德曼的书信》和《弗雷德曼之歌》（Fredman's Epistlar, Fredman's Song），其中的第64篇《飞行在哈加（Haga）的蝴蝶》（Winged Butterfly Seen at Haga）是最流行的乐章。这首柔和的田园歌曲赞美的是当时的瑞典国王兼贝尔门的资助人古斯塔夫三世，以及位于斯德哥尔摩郊外的哈加公园的美丽皇宫。

《飞行在哈加的蝴蝶》

啊，薄雾中的哈加公园，

寒霜微微凝结在清晨的空气里，

她在那绿色而精致的寓所里看着蝴蝶聚集，

这些可爱的小生灵，

在阳光和微风的暖意下，

渐渐醒来，

翩翩起舞，

花团锦簇。①

（五）绚烂的大众文化

不过，对于一名外国人来说，当他想到音乐和瑞典时，并不太会想起涛比和贝尔门，而更可能是在国际上享有盛誉的众多流行音乐组合。ABBA组合②在20世纪70年代占据世界音乐排行榜的一席重要之地，再近一点儿的有罗克赛特（Roxette）③、羊毛衫合唱团(the Cardigans)④、罗宾

① 英语译文：保罗·布里顿·奥斯汀（Paul Britten Austin）

② ABBA 是瑞典的流行组合，成立于 1972 年，解散于 1982 年。其名称来自于四名成员的姓名前字母的缩写的组合，这两男两女在事业走上坡路时曾是两对夫妻，在事业开始下坡时又劳燕分飞，是流行音乐史上著名的夫妻组合也是著名的离婚组合。代表作有《妈妈咪呀》（Mamma Mia）、《跳舞的女王》（Dancing Queen）、《胜者为王》（The Winner Takes It All）等。——编自网络，译者注

③ 罗克赛特，20 世纪 90 年代瑞典第一支以前卫的形象和动听的摇滚流行乐风靡全球的组合。——编自网络，译者注

④ 羊毛衫合唱团，成立于 1992 年底，其音乐常取材于流行乐、拉丁、爵士和摇滚。女主唱妮娜·皮尔森（Nina Persson）嗓音清新甜美，将歌曲演绎得婉转动人，俏皮可爱。——编自网络，译者注

（Robyn）①、爱司基地（Ace of Base）②等。瑞典的流行音乐大师马克斯·马汀（Max Martin）是包括后街男孩（Backstreet Boys）和布兰妮·简·斯皮尔斯（Britney Spears）等几个成功的美国歌星的策划人。

当然，不是每个瑞典人都喜爱ABBA和流行音乐，但是让他们非常得意的是：以瑞典这么小的疆土，却可以产生如美国和英国一样闪耀的明星。

早在ABBA成员出生之前，瑞典人就以世界闻名的女高音家詹妮·林德（Jenny Lind）③这个"瑞典的夜莺"以及歌剧男高音歌唱家将斯·比扬林（Jussi Björling）④为荣。

当然，我们也不能忘记瑞典人在电影界的影响，这些人物不仅仅有导演英格马·伯格曼（Ingmar Bergman），还有女演员葛丽

---

① 罗宾：1979年出生于斯德哥尔摩，是瑞典近年来炙手可热的流行歌星之一，单曲《每一次心跳》（With Every Heartbeat）也位居英国金曲榜榜首。——编自网络，译者注

② 爱司基地：被称为90年代欧洲歌坛最富有传奇色彩的流行组合，被歌迷戏称为瑞典的国宝级流行组合。这是一个兄妹组合，他们的音乐节奏独具特色，交融有雷鬼、迪斯科与欧洲电子音乐，加上轻松上口的歌词，营造出的欢愉气氛特别适合聚会和迪斯科舞厅，以至于称霸全球流行音乐，让世人传唱。——编自网络，译者注

③ 詹妮·林德，也叫乔安娜·玛利亚·林德（Johanna Maria Lind），1820年10月6日——1887年11月2日，瑞典歌剧演员，是瑞典19世纪最享有盛誉的歌唱家，在瑞典和欧洲的歌剧中扮演女高音的角色。1840年，成为瑞典皇家音乐学成员，1850年开始了在美国的巡回演唱会，大受欢迎。——译自网络，http://en.wikipedia.org/wiki/Jenny_Lind，译者注

④ 将斯·比扬林（1911年2月2日——1960年9月9日）：曾是瑞典最著名的歌剧演员，具有跟现代男高音不同的独特的嗓子。他在世界各地表演，还出演过不少电影，斯德哥尔摩剧院前树立着他的塑像。——来自瑞典学者英格马·奥特森，译者注

泰·嘉宝（Greta Garbo）①和英格丽·褒曼（Ingrid Bergman）②，当今，随便举几位得奖者，就有杰出的导演莱塞·霍尔斯道姆（Lasse Hallström）③、摄影师斯文·尼奎斯特（Sven Nykvist）④和女演员莉娜·奥林（Lena Olin）⑤。

　　瑞典人的成就还体现在国际体坛上。正如拉美人追随他们在棒球运动上的同胞一样，瑞典人追随的是他们国家曲棍球队的球星们，而且，自20世纪70年代，比约恩·博格（Björn Borg）⑥成名后，一群年轻的网球运动员在国际比赛中崭露头角，如马茨·维兰

---

① 葛丽泰·嘉宝（1905年9月18日—1990年4月15日）：电影女演员，生于瑞典斯德哥尔摩，逝于美国纽约。她是电影史上最著名的女明星之一，曾获颁奥斯卡终身成就奖。1999年，她被美国电影学会选为百年来最伟大的女演员第5名。——编自网络，译者注

② 英格丽·褒曼（1915年8月29日—1982年8月29日）：生于瑞典的斯德哥尔摩，逝于英国伦敦，是继葛丽泰·嘉宝之后在好莱坞及国际影坛大放光芒的另一位瑞典巨星。褒曼曾获得过三次奥斯卡金奖，两次艾美奖以及一次托尼奖。1999年，她被美国电影学会选为百年来最伟大的女演员第4名。——编自网络，译者注

③ 莱塞·霍尔斯道姆（1946年6月2日—）：瑞典导演兼作家，代表作有《浓情巧克力》（2000）、《不一样的天空》（1993）、《苹果酒屋法则》（1999），《忠犬八公的故事》（2009）等。——编译自网络，译者注。

④ 斯文·尼奎斯特（1922年12月3日—2006年9月20日）：瑞典摄影师，拍摄了120多部影片，经常与著名导演英格玛·伯格曼搭档，所拍摄的影片《哭泣与耳语》（1972）获得第46届奥斯卡最佳摄影奖，《芬妮与亚历山大》（1982）获得第56届奥斯卡最佳摄影奖。——编译自网络，译者注

⑤ 莉娜·奥林：瑞典影视演员，代表作品有《记住我》《生死阅读》《奔命手术》《你知道的恶魔》等影片。——编译自网络，译者注

⑥ 毕约恩·博格：1956年出生，网球运动员，连续五年获得温布尔登网球赛冠军。——译者注

德（Mats Wilander）①、斯蒂芬·埃德伯格（Stefan Edberg）②、马格努斯·诺曼(Magnus Norman) ③等；在高尔夫球运动上，也有出色的瑞典人，包括杰斯珀·帕尼维克（Jesper Parnevik）④、莱斯洛特·诺依曼（Liselotte Neumann）⑤、安妮卡·索伦斯坦（Annika Sörenstam）⑥等。

所以，尽管许多瑞典人已经厌倦了一提到国家的主要成就总是言必称ABBA组合、沃尔沃、比约克·博格等等，但是他们仍然因为自己辉煌的大众文化、高质量的工业产品被世界广泛认可而骄傲。

（六）蓝色与黄色

"世界各国的人们总是会聚集在国旗周围抒发他们的自豪感和团结精神，瑞典人对在公众场合围着一块布表达自己的爱国忠心

---

① 马茨·维兰德：是瑞典前世界排名第一的职业网球运动员。他与康纳斯、阿加西、纳达尔和费德勒是网球史上至今仅有的五位在三种不同场地（草地、硬地、泥地）都赢过大满贯男子单打锦标的网球运动员。——编自网络，译者注

② 斯蒂芬·埃德伯格（1966年1月19日—）：是瑞典职业网球男子运动员，是前ATP单打和双打世界排名第一，曾夺得6个大满贯。——编自网络，译者注

③ 马格努斯·诺曼（1976年5月30日—）：瑞典职业网球运动员，2000年法国公开赛夺得亚军，2000年升为世界排名第2。——编自网络，译者注

④ 杰斯珀·帕尼维克（1965年3月7日—）：瑞典职业高尔夫球手，在2000年至2001年度有38周高居世界高尔夫排名前十。——译自网络，译者注

⑤ 莱斯洛特·诺依曼（1966年5月20日—）：瑞典职业高尔夫球手。——译自网络，译者注

⑥ 安妮卡·索伦斯坦，5岁起开始打网球，12岁放弃网球转攻高尔夫，获得多项大满贯赛事桂冠。——编自网络，译者注

不以为然，但是，他们自己都不知道他们可能是世界上最爱炫耀他们的国旗的国民。"皮特·伯林（Peter Berlin）在他的《排外的指南：瑞典人篇》（The Xenophobe's Guide to the Swedes）[①]（Berlin，1994：12）中半开玩笑地写道。是调侃吗？当然有点儿，但是玩笑中也不失事实。

瑞典国没有一个如美国的7月4日那样大展国旗的日子，但是瑞典人真的很爱他们的国旗，而且随时随地想让这面旗帜高高飘扬。与其他斯堪的纳维亚国家的国旗的造型一样，瑞典的国旗是天蓝色的背景，太阳金色的十字。跟美国的星条旗和英国国旗不同的是，瑞典国旗并不是特别醒目和有内涵的象征符号[②]，不过，可以确定的是，瑞典国旗最早出现在16世纪，挂在战舰上，飞扬在战场上。

如今，你随处可见瑞典国旗：小舢板、花园旗杆、明信片、T恤衫、酒瓶、糕点罐和圣诞树枝的花环上，到处都有。无论在城市还是乡村，在仲夏节的餐桌上，如果不放一对迷你小国旗或印有国旗的餐巾那就不算一个完整的布置。按照伯林的观点，"瑞典人不是通常人们理解的爱国者，对他们来说，国旗与其说是召集人们上战场的，毋宁说是对人们集合野炊的一个邀请"。

---

① 《排外的指南》是一套系列丛书，目前已经出版了：《美国人》《比利时人》《加拿大人》《丹麦人》《英国人》《法国人》《德国人》《冰岛人》《爱尔兰人》《日本人》《新西兰人》《挪威人》《波兰人》《苏格兰人》《威尔士人》等三十五部。《中国人》篇的作者是朱颂（Zhu Song），文中总结道："懒惰和无所事事是不能被中国人接受的，是反儒教思想的，所以，你总是看见中国人在做事。"《瑞典人》篇的作者是皮特·伯林（Peter Berlin），文中总结道："瑞典人都有一个梦想：拯救人类居住的大自然。这很接近瑞典人以前来源于大自然的激情。"——编译自网络，译者注

② 瑞典国旗日是6月6日，始于1916年，1983年改为了国庆日，但这个日子在瑞典人心目中并不特别重要。——作者注

译者的女房东做的蛋糕上插着袖珍国旗

　　事实上，瑞典人对国旗的尊敬在本质上是更浪漫的。50%的瑞典人每年夏天都会到他们或租或自己购买的别墅度假，无论是小的房舍还是大的宅子，他们都可能挂上国旗或头巾，主要是为了庆祝夏天的到来，而不仅仅是为了某个特殊的场合，悬挂在船上也是这样的，"国旗属于景色，"一个瑞典人这么解释，"这是美妙的夏日的一部分"。没有了蓝色与黄色，气氛就不完美了，瑞典人只是在努力再造自己的理想。

（七）田园梦的破碎

　　1986年2月，瑞典出了件大事，这件事的出现在很大程度上预示着一个和平时代的结束。当时的首相奥洛夫·帕尔梅（Olof

Palme）①在斯德哥尔摩中心一条安静的街道被枪杀了，那时他正和他的妻子看完夜场电影，走在回家的路上，像往常一样，没有保镖，那个时代的瑞典被认为是一个极安全的国家，根本不需要像其他国家那样，元首在哪儿，哪儿就得有安全保护或预防措施。在首相被暗杀以前，人们不相信这样的事会发生在瑞典——这个安全、有序而和平的国家。

谋杀事件后，在斯堪的纳维亚地区游历了12年的《纽约时代》（New York Times）的专栏作家沃伦·霍格（Warren Hoge）引用一位瑞典外交官的话说："首相被杀害的时候，我们还是一个单纯的、圣洁的国家……'田园诗般的理想国'突然就被抛进了如此严酷的现实中去了。"（Hoge，1998）

最近二十年，这个国家值得自豪的其他方面也渐渐在失去光泽，像其他欧洲国家和美国一样，瑞典的种族主义和白种人优越论者在增加，曾经被认为是绝对不能容忍的"非瑞典式的"行为越来越多了，而且具有传染性，当然，这还要"感谢"四通八达的互联网。

少数瑞典年轻人还把自己包裹在瑞典的最后一个强大帝国皇帝——卡尔十二世的旗帜里，一种失落感似乎在年轻的、白种的工人阶级中更泛滥，他们呼吁对瑞典白色人种的保护。有人认为种族主义活动是因为有太多的移民到了瑞典，这些人眼见着他们的就业或生活条件变糟了，就归罪于移民。然而，其他观察者们认为之所

---

① 奥洛夫·帕尔梅（1927年1月30日—1986年2月28日）：曾任社会民主党主席，是1969年至1976年、1982年至1986年间的瑞典首相，他在任内被枪手刺杀身亡。——译者注

以会这样，是因为瑞典的上一辈人中就有这样的恶行：纳粹主义和反犹太人倾向在老一代人中阴魂不散，他们活在这个阴影下，支持这些余孽。无论哪种解释，多数瑞典人还是拒绝将他们的国旗与种族主义者或法西斯主义运动连在一起，因为这与他们的国家浪漫主义和爱国主义精神严重违背。

第五章

瑞典的个体与团体：自立与团结

"会自我管理的人才是好人。"（Bra karl klarar sig själv. ）

"自立则自强。"（Ensam är stark.）

——瑞典谚语

像美国人一样，瑞典人也认为自己是独立的个体，并认为独立与一个人的自立感相联系，要自立就意味着要自己解决问题。对于瑞典人来说，让自己能干（duktig）或有能力是非常重要的，他们自立的必然结果就是不欠别人的。与此同时，瑞典人还养成了一种观念，即认为隶属于团体中就会有稳定的安全感，而这种安全感将促成他们发展成更加强大而独立的个体。但是，外国人时常会曲解瑞典人这种所谓的社会一致性，而且误把瑞典的社会福利系统当作社会主义文化的一个例证，事实未必如此。

像美国人一样，瑞典人视自己为独立的个体，但"独立"在两种文化中的含义不同，美国人很好奇，怎么瑞典人既能保持独立又可以屈服于作为群体的一部分的强大压力？要理解瑞典人的独立，就要了解一个群体或一个组织在瑞典人生活中的角色，这个角色是随着瑞典模式的形成而发展起来的。

理解瑞典人的独立感以及它是如何保护瑞典人的隐私的，可以减少外国人对瑞典人的误解，因为外国人总是觉得瑞典人不主动帮助他人，显得很冷漠无礼，而且他们的安静也让周围的人觉得尴尬。对美国人而言，独立意味着做自己的主宰，自由追求自己的兴趣，追逐自己的利益，并在一定程度上采取行动。当美国人谈到权利时，通常是指没有政府的干涉，自由地追求机会，以实现个人成就、获得成功，他们认为，这就是个体的权利——生命，自主和对幸福的追求，而对瑞典人而言，独立意味着不依赖于或不受恩于其他人。瑞典人的独立感比美国人更被动些，他们认为相比于成功的机会，独立自主的机会才更加重要，可以这样说："美国人想要的是我行我素，而瑞典人就是想要自由的状态。"

（一）执着于自立

瑞典人在很小的时候就学会了好孩子就要自己的事情自己做。要让一个外国人想象一下一个强壮的瑞典人，他的脑海中通常会浮现出魁梧的维京海盗的形象，然而，对于瑞典人自身来说，自立比身体的勇猛更有力量，拥有强壮的体魄和用沉着的、冷静的、机智的方式解决困境的能力，对男人和女人来说都是至关重要的。

在许多其他文化中，人们更重视家庭成员间或集体间的相互依赖。在不少亚洲和拉美国家，子女们总是与父母生活在一起，直至结婚，并且之后仍有可能继续跟父母生活在一个屋檐下。可是在瑞典，早在16岁时，子女就可以从原生家庭中搬出去。比如，那些偏远的农校地区的孩子们通常要远行数百里去上高中，所以，他们要么自己住，要么与同学共住一个公寓，周末的时候才回一趟家，18岁就是成人了，他们必须拥有永久独自生活的能力。但是，20世纪90年代初期到中叶的高失业率，使得瑞典的年轻人不得不跟父母生活更长时间，这让不少瑞典老人担忧瑞典的年轻一代在成长过程中过于依赖他人，没有机会自立。

自立的宗旨在婚姻中也得以贯彻：许多瑞典夫妻有各自的银行账户，这保证了瑞典人即使在最忠诚的人际关系中也留有独立的财政。

美国人通过保护自己的空间（如大车、私家栅栏、有门的社区）来维护自己的隐私，瑞典人则是通过保持安静来维护自己的隐私。瑞典人通常是慢慢地才暴露自己的个人信息的，尤其是涉及个人困境的时候，一些人甚至不愿意与家人或朋友多说自己。自立的部分含义是指哪怕别人能帮助你解决问题，自己的问题也应该自己解决，这种观念无形中促使人们对那些不该获得某些利益的人产生了强烈的消极看法，没有人会小瞧残障人、老人或其他合法得到帮助的人，但是，对那些表面看来并不需要得到社会福利却又拿到了救助的移民，瑞典人总是颇多微词。

自己应该把自己的事做好的观念是非常强烈的，以至于当有些瑞典人接受了别人的帮助时就自感很卑下，因此，"讨好瑞典人是很难的"，一位与儿子和前同居伴侣生活在瑞典的美国男人这么说："他们在生活的方方面面都很独立，总是这样，他们执着于此。"他的前任同居者在生活中遵循着"不成文的"潜规则：永远不要用自己的问题去麻烦邻居或陌生人，并且，这还关乎隐私和个人的独立性，这位美国人说："一个人当然应该管理好自己的事，可是，像她这样，我觉得……这也太夸张了。"他又补充道："不过，在我看来，我觉得瑞典人是非常乐于助人的，无论什么问题或困难，你都能得到他们的帮助。"

有一个瑞典人无限感慨地谈起一对法国夫妇来访的故事。当他们三人离开他的公寓时，他停下来关身后的门："我站在那儿摆弄外面的门上的锁，那对法国夫妻说他们很诧异我怎么会锁了那么半天，毕竟，这还算是一把'瑞典锁'吧。我问他们，'瑞典锁是什么意思？'他们解释说瑞典锁就是不需要钥匙的锁，即人离开家时，门一关就锁上了，而不需要用钥匙去锁它，只不过，一旦你把钥匙落在家里，那可就麻烦了。我问他们为什么要叫它瑞典锁而不是什么其他锁，他们笑着说：'把自己锁在门外可能是你们瑞典人跟邻居说话的唯一理由吧。'那我还能说什么呢？他们是对的。"

因为瑞典人觉得不影响别人很重要，所以，当他们遇到麻烦或者出了差错时并不会马上去求助他人，所以，那些来自有着亲密文化的国度的人们就会感到瑞典人有些不近人情、无趣，甚至冷漠。

有位作家，最近就遇到了类似的情境，所以她非常赞成这个观点。到斯德哥尔摩的阿兰达机场（Arlanda Airport）时，她一个人很艰难地推着行李车，还拿着一些其他行李上自动扶梯，此时，一对瑞典夫妻站在她身后等着上电梯，她请他们先上，但是他们有礼貌地拒绝了。当电梯上到顶端时，行李车的轮子好像在电梯的台阶间卡住了，这位作家非常费力地移动她的行李，以便能上去，整个过程中，那对瑞典夫妻一直只是静静地看着她，她这才回过味来，瑞典夫妇始终没有来帮她一下，她确信这样的情境如果发生在美国，一定有人来助她一臂之力。

听了她这个故事的瑞典人解释道：那对瑞典夫妻可能不想在她显得那么笨拙的时候介入，以免使她觉得尴尬（当然，这反而增加了她的尴尬）。这并不表示他们不关心她，"如果你需要帮助，而且向他们求助，他们一定会帮你的。如果你不主动要求，瑞典人就会觉得你并不想让别人帮你的忙"。这种解释是有道理的，但外国人可能并不能理解。

瑞典的民族学家阿克·道恩（Åke Daun）对这种不愿意卷入别人的事端或不用自己的事麻烦别人的现象，有着自己的思考，他认为这可能是基于瑞典文化中认为"duktig"是非常重要的原因（1996）。Duktig的意思是干得漂亮的、负责任的、有能力的、表现得好或者独立地做事。Duktig 是一个有着丰富内涵的词：孩子们表现得好是duktig，成年人才华横溢和独立自主是duktig，而一个人把自己锁在门外又不得不求助于他人，就不那么duktig了。如果那对瑞典夫妇没有得到作家的请求就在电梯上帮她一把，那就会把她显得很不duktig。

Duktig的重要性可能跟怕出丑有关，道恩和其他学者认为，有的时候，瑞典人沉默寡言可能也源自于此。如果瑞典人不了解跟他们谈话的人，或者不得不用英语交流，他们就担心自己表现得不够duktig。当然，不少美国人也像瑞典人一样想让自己显得duktig，怕别人认为自己傻，但是，在瑞典，这似乎已经上升为这个国家的民族特质了。

（二）互不相欠

瑞典人对自立的强烈迷恋来自于不愿意受人之恩，他们认为你必须跟别人把账算清楚，永远不要亏欠任何人、任何事。

很多外国人都议论说瑞典人特别喜欢说"谢谢"，他们向他人道谢的频率甚至到了可笑的程度。但是，致谢却让瑞典人有互惠的感觉，如果你帮了瑞典人的忙，他不仅要致谢，还会有强烈地回报你的责任，这才让他心理平衡，因为表达感谢是履行这种责任的一部分。一对夫妻邀请了另一对夫妻吃饭，过后也期待着对方在适当的时候回请，当他们在街道上不期而遇时，一定会对上次的彼此拜访表达谢意，哪怕这件事已经过去好几周了。

正因为此，请别人吃饭或被别人请，都会让瑞典人不那么自在，瑞典人认为每个人的资源都差不多，所以，为别人付账是不合适的。一位生活在瑞典的美国妇女说："请客吃饭这样的事在瑞典并不常见。在这个多数夫妇都有自己的独立账户、同居者吃饭还要AA制的国家，你不能按通常情况那样做，哪怕是为别人买一杯咖啡，也是不必要的。"她觉得这与美国的社交习惯完全不同，"美国人常常请好朋友吃饭，下一次会是好朋友回请，但是不一定要花同样多的钱，这点连想都不必想"。

另一个美国人讲了一个瑞典朋友婚外情的故事。这个瑞典男人想请那个女孩子和他一起飞往纽约度一个浪漫的周末，"她拒绝了，并告诉他她没有那么多钱，男人说可以由他来付，但是这个女情人说不，因为她不想欠他的钱"。

这种态度表明了瑞典人具有回避互利互惠义务的倾向——宁愿错过一次到纽约的免费旅行也绝不欠别人的。前面提到的那位美国妇女赶忙补充道，这样的故事并不说明瑞典人是吝啬和心胸狭窄的，他们当然也会向好朋友借钱或者将钱借给好朋友，但他们只希望能够及时和如数地还上。在瑞典，公平就是互不相欠。

（三）"组织化"的瑞典

在成长的过程中，瑞典人渐渐产生了一种观念：即团体会给予个体强烈的安全感，让个体发展得更强壮和独立。除了隶属于这个国家，很多瑞典人会很自然地加入到不同的社团中，因此甚至有一个词专门描述这种现象：组织化的瑞典（Organisationssverige）。尽管这个概念来自于劳工运动和社会运动，但是整个瑞典现在已经成为一个充满了各种组织的国度了。

"似乎他们每个人都有自己的协会"，一位跟瑞典人结婚的美国人说，这些协会，涵盖了生活的各个方面：体育俱乐部、戒酒社团、学习中心组、公民组织、政治和宗教组织、父母协会、消费者合作社、农场主联盟、文化协会、观鸟俱乐部、摄影俱乐部、航海俱乐部等等。1992年的统计说瑞典平均每个人加入2.9个社团，51%的人认为自己积极参与了一个或多个协会，29%的人通过选举在社团中获得了相应的位置。单看成人教育这一领域，2000年瑞典的官方统计的数据是37%的妇女和28%的男性参加了某一学习小组或在上一年选修了某一课程。

"瑞典人大概在他们13岁的时候就开始了一生的'有组织'的

生活，在这些组织中，他们学会了去遵守贯穿一生的民主进程。"那位美国人说。因此，团结作为一种价值观很早就灌输给瑞典的孩子们了。美国人当然也参与社团活动，但是，对多数人来说，俱乐部和各种社团的作用不过是一个显示自我的地方，或者是一个通过当个头头以增加个人社交能见度的机会，而对瑞典人来说，最重要的是，俱乐部是个人社会化和成长的安全之地。

因此，瑞典人也很早就很自然地参与到团队的工作中了，这也是瑞典模式成功的一个重要因素，不过，团队合作还可以追溯到重塑现代社会之前。瑞典漫长而黑暗的冬季，气候恶劣，这迫使人们必须在一起工作，才能够生存下去。这个国家在20世纪之前差不多完全靠的是农业，要生存就得依赖于团队工作的质量。按照阿克·道恩（Åke Daun）的话："瑞典的农民们相互扶持着进行各种合作劳动：维修栅栏、收获庄稼、晒制干草、建造房屋乃至解决各种经济事端。"（Daun，1996：208）

瑞典人有效的合作能力体现在包括合作社在内的很多领域，这在1947年马奎斯·蔡尔兹(Marquis Childs)①的经典著作《瑞典：探索中间之路》（Sweden:The Middle Way on Trial）一书中得到详实的印证。那么，合作社运动是怎么引导着瑞典人为了一个共同的利益目标而努力的呢？

"在瑞典，二十多年前，人们就想改善居住条件，但是几乎没有大的发展，直到后来那些享受到好的住房条件的群体被列举了出

---

① 马奎斯·蔡尔兹（1903—）：美国新闻记者，1970年，因其"出色的评论"而获普利策奖。1940年代出版的《The Middle Way》一书，勾勒了"瑞典发展模式"的积极画面，该书在涉及瑞典模式的发展成就时被广泛引用。——译者注

来，才真正促进了社会的变革。不过，值得一提的是，瑞典人的革新都是从基层做起的，这种改革自成一格，都来源于人民对社会需求的敏锐感受，而且是在社会与经济教育的大背景下被不断提出的。简而言之，改革不是自上而下的，不是来自于政府的"善行"或者自以为优越的某些阶层所谓的"正义感"。这就是一个显著的不同，在大多数情况下，它使得瑞典能够用合作的方式解决社会与经济的问题。"（Childs，1947：51）

但是没有一种合作精神是与强大而自立的瑞典人的典型特征相悖的，瑞典人断言，只有强大而自立的个体并带着对弱者的同情和社会的团结，才可以真正实现国家的变革。

尽管瑞典人是自立的，但是同时他们也是追求集体主义的，这些可以很容易地从瑞典的社会民主中的"社会性"方面感受得到，事实上，瑞典社会的本质是集体化的。社会民主强调保护贫弱者，正如"人民之家"所显示的：社会如同一个大家庭，每个成员都应该得到照顾，无论他是强大还是贫弱。而且，瑞典人普遍具有两种人格特质：回避冲突的倾向以及达成一致才做决定的态度，这两点我们下一章还要再讨论，但它们被来自价值观不同的文化中的人们解读成为是瑞典人的集体行为。

（四）女性主义社会与男性主义社会

在外国人看来，相对于个体主义和集体主义文化特质，瑞典文化其实更适用于组织心理学家吉尔特·霍夫斯塔德（Geert

Hofstede）^①所描述的"女性主义"和"男性主义"维度。像美国和英国一样，瑞典社会非常强调个人价值，但是，有所不同的是，瑞典是个女性主义国家。事实上，按照霍夫斯塔德的定义，瑞典堪称世上最女性主义的国家，换句话说，有的时候瑞典被称为"母系瑞典"（Moder Svea），也并非没有道理。

　　霍夫斯塔德的女性主义——男性主义维度并不是指显得"阳刚"或"阴柔"的行为方式（尽管一些到瑞典的移民认为喜欢做饭和照看孩子显得女人气），而是指社会中普遍存在的理想的价值观：男性主义指的是"社会的性别角色非常清楚"（如男人应该是刚毅的、坚韧的，追求物质或事业上的成功；女人应该更谦恭、柔弱，更关心生活的品质）；而女性主义社会中，社会性别角色不极端，是有相互交叉性的（如无论男人还是女人都应该谦恭、温柔，关注生活品质）。（Hofstede，1991：84）

表二　　　女性主义社会、男性主义社会的价值观对照（霍夫斯塔德，1991）

女性主义国家	男性主义国家
瑞典、挪威、丹麦、芬兰、荷兰等	美国、日本、英国、意大利、奥地利、瑞士等
主流价值是关心和保护每个人	主流价值是追求物质进步与成功
每个人都应是谦恭的	男人应该是刚毅、有雄心和坚韧的
同情弱者	支持强者
为生活而工作	为工作而生活

① 吉尔特·霍夫斯塔德（1928年10月3日—）：荷兰人，文化大师，社会人文学博士。代表作有《文化的影响力》《文化与主题：思想的远见》《跨越合作的障碍——多元文化与管理》等，其中，后者被中国文化界称为"具有启示性的专著"。——编自网络，译者注

续表

管理者应是感性和努力的，以达成共识	管理者应该是智慧而刚毅的
用妥协和商讨的方式解决冲突	通过奋争解决冲突
重视平等、团结和工作生活质量	强调公平、竞争

这样，刚毅的行为在男性主义国家很重要，同时，谦恭的行为在女性主义国家很重要，无论男女，在女性主义国家都要学会谦恭和没有竞争性，那些刚毅的风格和对出人头地的追求就很容易被嘲笑。美国那样的男性主义国家，强调努力竞争，以成败论英雄，可以牺牲一些人的利益来达到另外一些人的目的；而瑞典这样的女性主义国家，是一个福利社会，在这里人人都会得到关照，照顾其他人是瑞典模式的基本原则之一。

（五）个人主义与步调一致

人们很难理解瑞典人怎么既能努力地面对他们的文化中所期望的步调一致又能坚持个人主义，现在，有必要比较一下瑞典人和美国人关于步调一致的含义。

美国人通常不承认自己像其他人，这点从美国人口的多样性方面就很容易理解；相反，美国人依据自己所处的亚团体，如政党、种族或宗教派别的价值观与信念来认同自己，然后，他们在"美国的"这把大伞下，遵守着自己亚团体的规则。在瑞典这样一个几十年前人口的民族性和社会性还都是同质的小国家，形成一个统一标准的国家规范是非常容易理解的。

还有，类似自谦规则（Jante，见第七章）这样的文化总是提醒斯堪的纳维亚人不要自以为是，这种禁令奖赏了"要像别人一样"的步调一致的理念，事实也是如此，你会不断地从瑞典人嘴里听到他说自己其实就是一个普通人（en vanlig Svensson），这样的表述才被认为是谦逊的、正面的。

社会学家伯格·贝克曼（Birger Beckman）在《关于缺陷的书》（瑞典语：*Lasternas Bok*，英语：*The book of Vices: Our Cultural Shortcomings*）[①]中通过比较瑞典人和意大利人的宽容性讨论了瑞典人对服从的倾向，更清楚地阐释了瑞典人复杂的"步调一致"的概念。瑞典人对他人的隐私和道德问题，如宗教、政治或性取向非常宽容，但是对他人外表或行为上的与众不同却不太能够容忍；相反，意大利人认为道德问题更重要，而个人的习性无论怎样都是正常的，可以被接受。瑞典人的解释是，你的宗教信仰和性取向是个人的事，不应该引起别人的兴趣，但是穿什么衣服或什么样的举止行为却更有社会意义。

尽管《关于缺陷的书》写于五十多年前，它仍然具有现实意义，并可以用来解释今天的瑞典人对待移民的态度。新移民们可以保持其家乡的文化习俗和语言，但是，也应该同时具备适应瑞典社会的日常行为，如果他们不能遵守瑞典的社会规范，将很难被这个社会所接受。

按照贝克曼的观点，这种遵循"瑞典理想"的倾向有利有弊。利的方面，在一个多民族的国家，不存在反对的声音，没有令人不

---

① The Book of Vices，1946 年出版，由古斯塔夫·伦德格仑（Gustaf Lundgren，1905—1986），瑞典人，出版界人士，撰写过多部包括心理分析理论的书籍，并翻译了一些心理学类书目）编辑。伯格·贝克曼（1906—1984，20 世纪中期瑞典多产作家）参与此书部分章节的编写。——译者注

快的经历，大家都具有一致性，将有利于这个国家政治的发展；不利的一面，是将那些不服从甚至排斥强烈社会压力的个体都暴露出来了（Beckman，1946）。

过去的十年间，瑞典人将很多注意力放在了研究和解决欺辱现象方面。欺辱是指个体被同事或同学侵扰或排斥，可能造成身体不健康、心理不健康甚至引起自杀，它并不是指在学校或单位遇到的日常压力和冲突，而是指那些更加有系统的、长期的身体和心理虐待，政府已经采取了行动加强法律以惩治这样的行为。瑞典文化孕育着步调一致的愿景，同时，人民之家又保障每个人的安全和隐私，最重要的是，欺辱现象直接有悖于瑞典个人主义的前提条件——追求自由。

（六）社会主义中的个人主义

那么，瑞典到底是集体主义国家还是个体主义国家？答案是：两者都是。瑞典人愿意担当起一个团体的责任去保卫个体的权利，正如瑞典的政治家博·罗斯坦（Bo Rothstein）[1]所提出的概念——"社会主义中的个体主义"（socialistic individualism）。"这两者似乎有些矛盾：这种制度的出现既为全体公民创立了一个安全的状态，又为公民们创立了更多的自由。"哈佛大学宗教学院的人类学家布莱恩·帕姆博士(Brain Palme)[2]解释道："在英美传统中，所谓

---

[1]　博·罗斯坦（1954 年 6 月 12 日—）：瑞典哥德堡大学教授。——编自网络，译者注
[2]　布莱恩·帕姆（1964—）：美国社会人类学家，曾在瑞典的乌普萨拉大学工作。——编自网络，译者注

个体的自由可以抽象地表达为：一个人做想做的事，只要不伤害到别人。我认为，这个词的第二层意思'不伤害到别人'，在美国其实不那么被重视。"他注意到，瑞典人遵循大致相同的规范，但总的说来，他们更看重个体的行为是不是对一个团体有益——只有这样，才能对他人也好。

按照帕姆博士的观点，在瑞典人看来，"个体能获得更多自由的社会应该是这样的：在这个国家，他或她知道自己不可能无家可归；在这个国家，他或她可以在黑夜中送8岁的女儿看电影，不用担心被袭击或被车撞到；在这个国家，他或她可以放心地喝水和呼吸新鲜空气"，总之，人们知道自己是安全的。

第六章

劳哥姆（lagom）现象[①]

刚刚好就是最好！（Lagom är bäst!）

过多过少都是害。（För mycket och för litet skämmer allt.）

——瑞典谚语

---

① lagom 是瑞典语，没有非常恰当的英文与中文词相对应，意思接
　　近于"适度"，为保留原词的深意，用音译"劳哥姆"或"lagom"
　　翻译。——译者注

瑞典人强调适度（lagom），凡事都要节制，这个概念的精髓是"中间之道"——任何事都要适度，保持中立。美国人常常把节制这个词用在吃喝上，而在瑞典，劳哥姆（lagom）一词可以用在生活中的方方面面，诸如我们吃了多少、喝了多少、工作了多少、花费了多少以及挣了多少等。一个人应该吃饱，但别吃撑；应该勤奋工作，但别太累；应该有钱，但别太多(Svensson，1996：51)。lagom对瑞典人的意义会让美国人恼火，因为美国的文化是"再多都不算多"。

要理解瑞典人，你一定要懂得欣赏适度（lagom）这个概念。这个词在英语中没有非常对应的词汇，按照《瑞典语——英语词典》，它的意思是"足够"、"恰当"、"合适"、"充分"、

"适当"等，但最好的译本应该是凡事要有度（everything in moderation），瑞典人喜欢走中间路线（middle way），以保证刚刚好（just right）。

Lagom这个词是从哪里来的？传说过去海盗们聚在一起，就会定个规矩，大家共同分享一碗蜂蜜酒，酒盅在人们的手里传递着，每个人都不能多喝，要保证所剩的酒足够在这个群体中传下去，每个人都能喝上。原来是两个词：laget om，意思就是"围绕在团体中"，后来两个词压缩成了lagom，这个词就用来描述共同的约束与自我节制。

我们无法证明瑞典这个传说的真实性，但如果想描述瑞典人的心态，lagom这个词无疑是最合适的，任何一个在瑞典成长过的人都学到过——lagom就是最好的。美国人最好能记住这点，因为lagom的内涵与美国人的"永远都没个够"形成了鲜明的对比，在瑞典，过分放纵，别人是要有微词的。Lagom这个词隐含的谦逊和谦卑与路德教的教义有关，翻开《一首上帝的赞歌》（Hávamál）[①]这本书的第一章，有大量的支持lagom的篇幅，里面充满着"热情，但别太热情"、"智慧，但别太智慧"、"享受啤酒，但别享受太多"、"当心，别太露出你的才华"等等建议。

那些移居美国的瑞典人都会惊讶怎么小杂货铺里会摆放那么多商品供选择，他们总是问："为什么你们每种商品都需要那么多品牌？"对他们来说，太多的东西没有实际意义，换句话说，这是违

---

① Hávamál，是古代冰岛的诗歌，意为《一首上帝的赞歌》。这种语言是海盗时代斯堪的纳维亚地区的通用语言，也称"古斯堪的纳语"，类似于当代冰岛语，是一种比较保守的语言。——来自瑞典学者英格玛·奥特森，译者注

反lagom的。相反，美国人喜欢有多种选择，总觉得瑞典的商店里的品种可选的太少了，当然，这个现象现在也在改变，欧洲包括瑞典，也突然出现了很多"超大（mega）"超市。

在饭店吃饭的分量也可以体现lagom思维。瑞典人的盘子里只放够吃的量，放得太多，吃不完，就意味着浪费；而美国人，可能想的就是一定要"物有所值"。饭店的高价格使得瑞典人很少在外面吃饭，而且他们一定还会吃掉剩饭。在美国非常常见的扔东西的现象，在老一代尤其是从贫瘠时代走出来的前一、两代瑞典人身上还没有看见，当然，这里说"还没有"，是因为这种态度也在改变，现在瑞典年轻人越来越多地接受了美国文化，包括大量浪费。

Lagom这个词在瑞典语里常用作修饰语，比如：一种外来食品，是lagom地奇特；一杯啤酒，是lagom地爽；气温，是lagom地热。对于瑞典人来说，似乎有一个看不见的标准在尺度上显示着这种平衡，但对于一个非瑞典人来说，就很难把握这种"刚刚好"的感觉。

像其他文化因素一样，lagom也是瑞典孩子必须学会的价值观，教这个词最方便的地方就是饭桌上。一位11岁的小男孩是这样解释这个词的："如果你吃煮土豆，吃20个就太多了，5个又太少，但是10个或12个就lagom了。"当然他说的是非常小的新土豆，要不就是他太饿了，但他的理解是清晰的：克制你自己，否则就过了。瑞典的孩子被告诫别拿吃不完的食物，别把果汁杯倒满，他们学到的lagom是那种可以测量的状态。

不过，lagom也正以无形的方式传播着，正如我们在第七章将要讲到的自谦规则（Jante）所限定的，瑞典的孩子有时并不被鼓励飞得太高，一个美国孩子如果梦想当总统，尽管不可能实现，但也会被积极肯定；瑞典孩子如果想做这个梦，就会被家长劝告说这不可能，还是想点儿更实在的事吧。瑞典人更倾向于教孩子脚踏实地，而不要迷失在幻想中。

一位在瑞典工作的美国记者描述说瑞典人天生就有一把内在的尺子本能地衡量着lagom，幸运的是，瑞典人经常原谅他人尴尬的过失和越轨，把最严厉的标准只留给了自己。

对于那些追求最大、最好、最多的外国人以及那些认为"天空才是界限"（the sky is the limit）的人来说，瑞典人lagom的愿望似乎太自我限制了、太不思进取了、太平均主义了……唉，反正就是太lagom了。

当然，瑞典人，尤其是年轻人，并不是在任何事上都表现出这番平和的，比如在饮酒方面，正如一位瑞典人解释的："如果你能搞定你的工作，而又不被人发现你前一天晚上烂醉如泥，那也不算过分。"换句话说，这并没有破坏lagom的平衡，更多温和的激情还包括在对糖果和咖啡的爱好上——瑞典人对这两类食品的消耗量差不多是世界领先的。

（一）工作中的lagom现象

在美国，"过犹不及"这个词汇更常被运用到生活中那些典型的享乐放纵方面，比如吃、喝、抽烟和性。而在瑞典，lagom的理念渗入到生活中的方方面面，也包括在工作中，对于瑞典人的"刚刚好就是最好"的基本信念，国际同事们总不太理解。

查尔斯·汉普登—特纳（Charles Hampden-Turner）和阿方索·川普涅尔（Alfons Trompenaars）在他们的《全球七大富邦——卓越经济体的文化精髓》(The Seven Cultures of Capitalism)中将lagom定义为"搜索于个人与社会间的平稳状态"，当各方意见达成一致，那就意味着最佳点找到了，即为lagom点。（Hampden-Turner & Trompenaars，1993：253）在一个瑞典的跨国公司里，lagom会变成一个问题，以至于美国经理们创造出一个词"适度化"（lagomize）来描述不得不重新组合以找到适度点的工作情景。

lagom的观念除了与意见的一致性相关联，还引导着人们在工作中的行为。"对我来说，除了交流方式，最困难的事还在于，我根本弄不懂瑞典人。"一位在瑞典工作的美国人说："美国人充满企业精神，但瑞典人不，我就冒失地撞上了lagom，就像开着车撞上了一堵砖墙。"他应该了解，因为有lagom的思想，他的瑞典同事可不愿意像他那样为工作投入太多时间，而他用自己对工作的热情和承诺去衡量瑞典人，也是不合时宜的。

国家地理杂志上有人撰文提醒到："一些瑞典人顾及lagom伦理的约束，再加上教育系统又过于强调一致，埋没人们的才智，不鼓励做得最好和最突出，比如不当班上最聪明的学生、不当最优秀的企业家、冒险者、艺术家和发明家，简而言之，就是不争取去做当代瑞典急需的各类人才。这种情况似乎比以往任何时候都明显。"（Belt，1993：22）这种文化的结果，可能就是瑞典开始对人才流失到其他国家而感到恐慌了。

但是，瑞典人却认为自己是非常努力工作的，并引以为豪。在美国公司工作的瑞典人经常描述美国人手里端着一杯咖啡，到同事办公室串串门、聊聊天，他们认为尽管美国人工作时间很长，但效率却很低。这种印象也来自这样一个事实：瑞典人连工间休息都是非常正式的，他们一定会放下手头的工作，专门去喝咖啡；可美国人的休息方式很随意，边喝咖啡边转悠边谈工作，说不清是在休息还是在工作。

另一方面，美国人却认为瑞典人是不合群和缺乏献身精神的。外国人对瑞典同事共同的抱怨是：哪怕一项工作非常紧迫，瑞典人也会一到点就停下正在干的活，下班休息；美国人总是会因为手头的工作还没完，就再多干一会儿，可瑞典人通常就觉得这个时候他们有资格回家了。

尽管现在的瑞典人花在工作上的时间越来越长了，但因为lagom暗示着平衡，花太多的时间在工作上就不lagom了，瑞典人会把有的时间献给工作，有的时间是一定要留给家人和休闲活动的。多数瑞典老板相信，休息与放松（时间的"R&R"）[1]是提高效率和产量的关键，一个美国或英国人如果花在工作上的时间很长，给自己或家人留很少的时间，可能会被老板认为是个有事业心的人，但在瑞典，加班就意味着工作效率低下和没有本事。所以，令外国人不可思议的是，瑞典前首相约斯塔·英瓦尔·卡尔松（Gösta Ingvar Carlsson）[2]决定离任，原因就是他想多花点儿时间陪家人，

---

[1]　R&R"有以下三种解释，Rest & Relaxation，休息和放松；Rest and Recuperation，休息与复原；Rest & Recreation，休息和消遣。根据本文，取第一意。——译者注

[2]　约斯塔·英瓦尔·卡尔松：生于1934年11月9日，瑞典政治家，两次担任瑞典首相，任期分别是1986年至1991年；1994至1996年。——编自网络，译者注

而且瑞典人都认为这个理由很成立。

　　lagom现象不仅在工作时间上有所体现，在挣钱方面也同样有意义。在瑞典，工资上的悬殊不是简单的不公平的问题，而是绝对的不lagom，于是政府就规定，你挣的工资越高，交的税就越多，这样就能减少工资间的差距，即使瑞典最保守的政党在这一点上也是赞同左翼的社会民主党的。高管们要是拿高额的工资就需要与国内强大的工会进行谈判，这一点会给他们带来很多的麻烦——如果没有lagom，工会又能做什么呢？

　　更有甚者，代表了瑞典商业的瑞典企业联盟（Svenskt Näringsliv）宣称，即使在经济繁荣时期，瑞典也只可能极小幅度地、象征性地涨涨工资。所以，在美国公司工作的瑞典籍高管们觉得要一份在他们看来是天文数字的高工资，会隐隐地有些不安，于是，众所周知，瑞典人经常雇佣美国的专业人员去谈判薪酬待遇问题。一个瑞典人会很快地指出钱并不总是就业最先考虑的问题，很多人找一份新的工作仅仅是因为这个工作可以跟一些有趣的人在一起，或者学到新东西。

　　lagom对产品营销也有影响。美国人总是想尽一切办法自我推销或者兜售他们的产品，以在竞争中获胜，但瑞典人觉得这种做法让人不舒服；美国人的营销术，尤其是自我抬高的销售方式在瑞典人眼里是有些浮夸了，不可信。瑞典人的这种感觉牵涉我们第七章将要讨论的另一个瑞典概念——自谦法则（Jantelagen）。

　　在瑞典，商品和服务的价格几乎是没有什么可商讨的余地的，瑞典人不习惯于讨价还价，因为他们相信，他们已经衡量了价格的lagom，已经很公平了。

（二）lagom现象与社会

美国加州大学国际管理与策略教授马丁·J.甘农（Martin J.Gannon）在他的《理解全球文化》（*Understanding Global Cultures*）[①]中说，lagom也是理解瑞典社会民主的政治哲学——"融合了社会主义和资本主义的理想"的逻辑的关键依据。（Gannon and Associates，1994：109）

美国政治是一个很大范畴的连续体，最左边是"心软手软的自由主义者"(bleeding-heart liberals)，最右边是"原教旨主义保守者"(fundamentalist conservative)，民主党和共和党夹在中间；在瑞典，多数政党都让自己尽量趋近于中立位置，排列在lagom的地带，有些政党的意识形态稍稍偏左或偏右，只有极端主义者才会超越中立的界线。尽管如此，中立的区域相对于美国政治体系还是极左了一些，从美国人的角度来看，最保守的瑞典政客如果不是极左倾向的话，至少也是个民主主义者。

lagom也与"非情感的现实"感相联系。瑞典人相信所有的问题都可以通过逻辑推理来解决，lagom的有用性在于它是公平的、平衡的和守逻辑的，它保证了每个人都是足够的，不会有人没有。瑞典人认为，通过理性地讨论问题，总能找到lagom点，长期以来这个方法取得了成效，瑞典人认为这是一个解决问题的理想方法，

[①] *Understanding Global Cultures*，也译为《异域文化之为旅——体悟 23 个国家的文化象征》。——译者注

他们不理解，为什么其他国家的人总是在感性地争论，而那最终将毫无结果。

正如我们前面所说的，瑞典具有相当同质的文化，这个也不难理解，当多数人成长在非常相似的价值观和信念的环境中时，确实很容易形成"共同的思想"。近几十年来，当大量的移民定居在瑞典后，这个事实越来越明显了，而且不断地检验着lagom。

lagom有如此显著的作用，那么，它到底是如何在瑞典社会稳固下来的呢？这就是自谦法则（Jantelagen）的使命了。自谦法则——这个庞大的心理胶棒把每个人都粘在了他/她自己的位置上。

第七章

詹特法则(Jantelagen):
你以为你是谁？ ①

詹特法则

别以为你有什么特别的，

别以为你跟我们一样好，

别以为你比我们聪明。

别想当然地以为你比我们还好，

别以为你比我们知道得多，

别以为你比我们更重要，

别以为你什么事都能做，

别嘲笑我们。

别以为别人都在意你，

别以为你可以在我们面前说教，

别以为我们不知道你那点儿事。

——《漫无目的地逃亡》（A Refugee Crosses His Tracks） ②

阿克塞尔·桑德摩斯（Aksel Sandemose）(1899—1965)

---

① 瑞典语 Jante 的本意更接近中文的"谦逊、自谦、低调"，但在英语和汉语中均难找到准确的表达词，因此，保留音译"詹特"或原词"Jante"更能体现出本意。——译者注

② "A Refugee Crosses His Tracks"，表达的是主人公没有任何计划与方向的逃亡的感觉。——译者注

　　詹特法则是流行于斯堪的纳维亚地区的概念，它的基本主题是强调在社会上要谦虚和自我克制。通过一系列的戒条，詹特法则劝诫人们消除自大心理，"站好自己的位置"，这个法则的一个结果就是产生了"皇家瑞典式嫉妒"（Royal Swedish Envy）——嫉妒是人的天性，我们总是会苛责那些"过于成功"的人。观察者已经发现詹特法则是瑞典全球竞争力的一个威胁，因为它隐含着不鼓励创新和追求成就的倾向，所以如今的年轻人似乎已经意识到要远离詹特法则了，因为国家需要他们帮助瑞典进入信息化的全球经济领域。

　　每个文化都有其潜规则，构成社会行为无声的代码，这些规则，经常被编纂进这个民族的文学和民间传说中。

美国几代人受的影响都是本杰明·富兰克林在《穷理查年鉴》(Poor Richard's Almanac)中说的那些人所共知的常识，比如"早睡早起使人健康、促人发财、让人智慧"、"水滴石穿"、"近墨者黑"等等。

斯堪的纳维亚地区也有着丰富的传统格言、传说和民俗，其中的十条戒律来自丹麦籍挪威作家安克赛·森纳茂斯（Aksel Sandemose）在1933年的那本《漫无目的地逃亡》（A Refugee Cross His Tracks）。这本书描述了一个叫爷大（Jante）的小镇上的人心态中丑陋的一面，这个丹麦小镇是作者虚构的，来源于他那个保守而狭隘的家乡尼克宾（Nykøbing）。那里的人们都没有名字，但有一个普遍心态：拒绝承认个人的努力，强调集体性，惩戒表现突出者，对个体的成绩和成功持否定和挑剔的态度，认为那是没有价值和不合适的。瑞典语的Jantelagen，英语为 Law of Jante，可译为爷大定律（以地名译）或詹特法则（以音译）。后来，詹特法则变成了描述嫉妒心态的不言自明的象征性概念，尽管学者们坚持认为作者确实写的是小镇尼克宾，但是丹麦、挪威和瑞典的读者们坚信，书中所描述的就是他们自己的社会群体。

在一个等级森严的社会里，当人们努力要超越自己地位的时候，总会看见别人具有类似的反应，不同之处在于，在这些社会里，在人们清楚自己是属于哪个阶层后，会感到欣慰；而瑞典人在知道了（或至少相信）他们的社会是没有等级时，会觉得欣慰。

詹特法则的基本立意是谦卑和自我克制。不论你多有才华和成就，自我推销、吹牛和浮夸都是不可取的，这是瑞典人谦虚和平等的自然倾向的典型表现：想要与众不同，尤其是想要比别人好的想法，没有什么可值得吹嘘的。

尽管起源时间不长，詹特法则所凝结的信念长久地存在于斯堪的纳维亚地区，它所反映的重点是要生活在可接受的界限内，不要过于关注自己。20世纪40年代的研究者贝尔格·贝克曼（Birger Beckman）解释说，如果有什么事发生在瑞典人可接受的框架之外，他们就会变得焦虑。一个人应该和其他人一样去思考和相信事物，而不应该与所处的群体不同，与所生活的社会规范不同，看到别人不遵守詹特法则，瑞典人就会很不舒服——这是对既定秩序的威胁，是对自己地位的质疑。（Beckman，1946）

有趣的是，尽管这本小说写的是丹麦的小镇，但瑞典人的内心似乎比丹麦人和挪威人更接受詹特法则，在那两个国家，詹特法则被认为是一个文化重担，而极少被认为是一个持续的文化理念。马克·邦杰（Marc Bunger）是一位美国管理咨询师，他与这三个国家的人都共过事，他认为，每个国家个体的人格可以解释为什么詹特法则在不同的国家有不同的威力。他说这三个国家就像三姐妹："瑞典是大姐，有着长长的金发，整洁、得体、讲究而文雅。挪威是老二，垂着自然的棕色直发，不雕饰自己，穿着羊毛外套在林子里采摘浆果。丹麦是反叛的小妹，披着绿色的头发，总是惹出点儿麻烦让爹妈发疯，但是她跟那两个姐姐一样聪明。"（Bunger，2000）

在这三个文化中，最刻板的瑞典更严格地遵守詹特法则，而丹麦文化更与欧洲大陆相通，所以有些不以为然，不那么重视詹特法则。不过，也不绝对。一位在哥本哈根工作的瑞典人说："哪怕是丹麦人也会在街上对开着美洲豹（Jaguar）的人指指点点。"一个丹麦年轻人跟他妈妈讲，在大学申请表上父亲职业一栏中，他写了"工人"而不是"牙医"，因为后者显得他太张扬。

挪威，这个被丹麦和瑞典控制了很多年的国家，居于两者中间，对詹特法则也是很敏感的，但是他们比瑞典人有等级观念。一位在挪威工作的瑞典医生注意到，挪威的医生比瑞典的更有地位，挪威医生通过名衔和身份将自己与他人区别开来，尽管这并不是自夸，但确实反映出这样的现状，借用一句澳大利亚的比喻就是："有些罂粟比别的高。"然而，哪怕像挪威人这样，也与美国人形成了鲜明的对比，在美国，与众不同不仅是可接受的，还会得到别人的羡慕。

非瑞典人总将詹特法则与劳哥姆现象（lagom）混为一谈，其实，它们之间有联系，但并不是一回事。尽管lagom也与谦逊与自我克制有关，但它仍是个中性的概念；而詹特法则，是一种可以克制自我的个性化理念。其实，有些文化中也有相似的规则，如日本的"竖起的钉子必被锤"、澳大利亚的"高的罂粟定被剪"都是这个含义。

"詹特法则表达的是普通人与周围人的交往"，瑞典经济学家贝尼特·王尔德玛尔森（Bengt Valdemarsson）写道（Valdemarsson，1997），但是他又分析说，这个法则也影响到了宏观层面，只不过，森纳茂斯原著中的共同体"我们"现在由政府这个概念替代了，比如，"不要以为你们的国家比别的国家做得好"和"永远不要指望国家在乎你"。随着瑞典累进税制系统的深得人心，他又加了第十一条"不要以为你挣的就是你自己的"，这种观点在瑞典的商界尤其盛行。

（一）詹特法则对个人的影响

尽管几乎没有瑞典人会说詹特法则是件好事，但它的影响却实实在在地存在着，瑞典人很小的时候就内化了这个观点："别吹牛，让行动来证明你吧。"

瑞典人不太恭维别人，原因是他们自己就不舒服接受别人的夸赞，尽管某人由于很出色被表扬了，他会感谢你，但典型的反应只是轻描淡写地说声"这真的没什么"或"那不过是我的工作"。

具有讽刺意味的是，瑞典越成功或自立自强的人，越有内疚感。瑞典人像西方其他国家的人一样，追逐体育明星及社会名流的生活，也同样为他们而自豪。然而，即使最受欢迎和著名的瑞典人也会发现，如果他们表现得比别人好或超过了詹特法则的界线，也会被公众或温和或严厉地嘲讽。

一位瑞典影评学者指出，瑞典的传奇女星葛丽泰·嘉宝（Greta Garbo）的深居简出不是因为自负，而是因为媒体过于宣传她，让她觉得不舒服，嘉宝曾经说："在我的国家，报纸上谈论的要么是国王、王后、皇族，要么就是坏人，我不想把我印在报纸上，因为我不是他们中的任何一类。"（Swenson，1977）

在好莱坞获得成功的瑞典动作明星多尔夫·龙格尔（Dolph Lundgren）[①]曾经在自己的家乡被人当做笑柄，原因是他上瑞典的

---

① 多尔夫·龙格尔：1957 年 11 月 3 日出生在瑞典斯德哥尔摩，电影演员，主要作品有《惩罚者》《再造战士》《敢死队》等。——编自网络，译者注

电视时坚持说了英语，尽管他后来解释说他之所以不说瑞典语是因为他正准备出演一个美国片子，需要尽量避免回到瑞典的口音，否则就可能取消演出合同，但是他的瑞典同胞们还是不能接受他的解释，他们讥讽他是以为自己已经好到连自己国家的语言都不能说的地步了。这之前，他把自己的名字从常见的汉斯（Hans）换成了更有异国情调的多尔夫（Dolph），但这一举动并没有加深瑞典人对他的印象（即使是他们深爱的好莱坞影星葛丽泰·嘉宝也曾经用过朴实无华的传统名字葛丽泰·古斯塔夫森（Greta Gustafsson）呀！）

（二）詹特法则的一个原因：害怕失败

　　詹特法则也可以说是一种防御机制，只不过它有点儿消极，它提醒你，只要不自吹自擂或不做出头鸟，你就可以避免不必要的风险，包括失败。

　　一位瑞典的摄影家回忆了他十几岁时第一次显露出对摄影的爱好时他爸爸的反应："我爸爸不同意我买高档照相机，他说摄影这事跟我不沾边，说我太好高骛远了。"后来，爸爸的一位同事非常赞同他的追求（对他爸爸来说，这位同事的态度意味着公众的接受性），这位年轻人的父亲才同意儿子去追逐自己的梦想。这位现在很成功的摄影家说，这个个人的例子代表了一个大的社会问题。回头再看，他意识到他那位代表了二战前的那一代工人阶级的父亲，是在努力保护儿子不会在今后失望或失败，但是这个过程教给他的是不要那么早地冒风险和暴露梦想。即使已经意识到了这一点，也得非常小心，他学会了把自己的想法藏在心里，直到确定不需要依靠他人的帮助或赞同就可以实现的那一天，才敢公布出来（注意，这也可以说是瑞典人对独立的需要的例子）。

然而，瑞典的新生代，即互联网的一代，正在把詹特法则置于一边。瑞典的IT界和电信业的年轻的企业家并不认为詹特法则可以用到他们身上，他们追求成功，他们为自己的成功而骄傲，他们并不羞于大声说出自己的成功。

（三）詹特法则的一个结果：皇家瑞典式嫉妒

詹特法则的结果之一就是瑞典人所称的"皇家瑞典式嫉妒"（Kungliga Svenska Avundsjukan, 英文：Royal Swedish Envy），其实它与皇室无关，起这个名字只是因为它如同君主制度或者其他公共习俗一样深深扎根于瑞典这个国度。

对成功者嫉妒的倾向与追求绝对平等的价值观相关。在美国，一个人成功会被别人羡慕（admired），而在瑞典则会被挑剔，这似乎是詹特法则的逻辑结果，美国人看别人成功时会说："他能，我也能。"瑞典人则会说："他以为他是谁？"

下面这件事，是瑞典的国家地理杂志上的一篇专题报道（Belt, 1993），它用实例说明了当一个人与众不同的时候，别人所反映出来的态度。事情是这样的，一位瑞典工程师失业后开始自己创业了，其实在瑞典社会系统中，他可以申请失业，然后继续领取一年的相当于他原工资的一大半的薪水，或者参加政府提供的上岗再培训（这在瑞典非常正常，许多失业人员参加政府资助的课程以"提高他们的知识水平"）。但是，这位工程师没有选择这两条路中的任何一条，他决定自己干。一天，他的邻居扭伤了脚踝，工程师的妻子建议邻居贴一块生肉放在扭伤处以消肿，那位邻居的反应是："我猜有自己公司的人才配得起这么浪费肉！你们一定以为你们有什么特别的吧？！"

在詹特法则背后还有更多的嫉妒文化，可能也是嫉妒的历史基础。在《瑞典人的传说》（*Myterna om Svensken*，英文：*Myths about the Swede*）①一书中，作者大卫·冈特（David Gaunt）和奥瓦尔·洛夫格仑（Orvar Löfgren）解释说，19世纪的农场主会去帮助那些贫困的邻居们，有一部分原因是因为他们笃信运气，而这个运气是让人琢磨不透的"女财神"（Lady Fortuna）②一时兴起送来的。所以，人们认为，生活中的幸运是有定数的，一个人富了，另一个人就一定贫穷，这样，运气好的人挣了很多钱，或有好收成，就应该与他那运气不佳的邻居们分享一下，因为命运是善变的，可以逆转。（Gaunt and Löfgren,1984）

如何展示一个人的成功或幸运的成果也会有严格的潜在限定，凡事节制就被肯定，炫耀财富比如显摆你华丽的衣服就不被鼓励，到今天都如此。有个瑞典人讲了个故事，关于他的一个熟人，这位熟人买了辆新凌志轿车（Lexus)，带着老婆到欧洲兜了一圈，但开着车回到瑞典他家乡的小镇上时，却左右为难了，因为他不想让邻居们认为他财大气粗，在背后对他说三道四。

① 　*Myterna om Svensken*，1984年出版，由居住在隆德的瑞典著名民族学者奥瓦尔·洛夫格仑（1943—）和居住在瑞典的英国历史学家大卫·冈特（1944—）合作撰写。——译者注

② 　Lady Fortuna：罗马的财富女神，能提前承诺繁荣时期的到来。——编自网络，译者注

人们不仅害怕被别人嫉妒，也要避免自己嫉妒别人，然而，嫉妒是一种人人都可能患上的疾病，如果你有嫉妒的理由，很可能就会得上这个病，变得嫉妒别人。

不过，嫉妒通常不会超越这个人自己的社会级别，因此，贵族与农民间的显著不同是被接受的，并不招致嫉妒。平等的概念不过是在20世纪才开始广泛传播的，瑞典民族学家阿克·道恩（Åke Daun）推测说现在出现的收入差距增大的现象"终将让这个著名的瑞典式嫉妒在那些社会等级本已很大的人之间不那么明显，但在同一阶层的人之间将更加强烈"。（Daun，1996：212）

有些讽刺的是，如果一个瑞典人中了彩票得了一大笔钱，邻居们的反应会很积极，因为中彩票被看作是个随机事件，不过是幸运而已，其他人相信，自己也可能是下一个幸运儿。这也可以部分解释为什么瑞典人对博彩之类的活动有极大的胃口。

（四）詹特法则与企业

一位住在斯德哥尔摩的加拿大籍美国人对詹特法则做了这样的评价："不过度，不优越，给别人机会，显得公正。"这些特点在瑞典文化中也像在其他文化那样有正面意义，但是他后面的话就不那么积极了："不在其位，不谋其政，诱发平庸。"正是后面这些潜在的特征，使得很多人认为詹特法则因为不鼓励创新而成为瑞典发展全球竞争力的一个威胁。有点儿悖论的是，詹特法则并没有阻碍瑞典工商业的成功，从沃尔沃（Volvo）到SKF再到电信巨头爱立信（Ericsson）等现代跨国公司都是成功的例证，瑞典人在保持谦虚品质的同时，也是新技术最早的使用者和发展者。

有意思的是，爱立信和沃尔沃这样的大公司发现他们对詹特法则是有免疫力的，这个社会支持大公司有更多的赢利，因为它们通过交税供社会来分享财富，为社会提供工作岗位，许多人因它们的成功而获益。但是，人们认为小企业主和小商人做事挣钱都为的是自己，他们的成功就易遭人嫉妒，而这可能正是詹特法则最危险的地方。

20世纪90年代经济衰退时期，有些评论家提醒说，国家最有创造力的时期可能已经过去了，"我们如今的生活质量还是依赖50—100年前瑞典人靠发明创造而建立的众多公司上"，在瑞士著名的医药公司美迪乐华（Medinova）瑞典分公司工作的医生兼发明家约翰·厄尔曼（Johan Ullman）在谈及如爱立信和SKF这样的跨国公司时说道，你不信？"看看股市，你再仔细想想吧。"他带有挑衅意味地说。（DahlstrÖm,1997）

但是这几年有了很大不同，瑞典已经从经济衰退时期走出来，变成了世界IT业最发达的国家之一，有报道甚至说它超过美国。斯德哥尔摩地区因为集中了大量移动电话和电信公司而被比作硅谷，人们称它为"无线谷"，眼见着那些雨后春笋般汹涌而出的互联网公司，你一定会同意："瑞典的确很火。"

对这些二三十岁的IT一代来说，詹特法则已经是过去时了，像他们的美国同行一样，这些年轻人大胆、性急、不怕冒险。"这个信息社会和新经济被年轻一代的现代态度和价值观所推动。"克瑞斯特·斯腾马克（Christer Sturmark），一位IT企业主、作家兼咨询顾问这么评论（Sturmark，2000），这说明追求最赚钱的IT工作是完全可以被接受的。一个年轻的瑞典专业人员在他网上的简历前言上就半开玩笑地警告："詹特法则不许瑞典人表现他们的资历，以下是对这个规则的粗暴违反，有兴趣的雇主请给我一个适当的'处罚'。"有一位在斯德哥尔摩公共关系和网络市场公司工作的年轻人表达了对这个观点的赞同，他认为展示自己的资历是为了找到一份好工作，应该被接受，但是一旦被雇用了，要继续让别人注意自己那就意味着"侵占太多空间"了，他借用了詹特法则在日常生活中最常用的一句话——"别占太多空间"，而这与美国社会中"站出人群，让别人看见你的工作"的信条直接冲突。

现在我们就不难理解为什么瑞典人与美国人在求职方面是不一样的了。对那些传统的瑞典人来说，夸张令人不舒服，求职简历应当就是经历和技能的事实描述，这就足够了，所以，即使是同样的资历，瑞典人的简历也不会像美国人那样令人印象深刻，结果可能就是错失一次机会；反过来，瑞典经理更可能怀疑美国申请者递交的简历。一位瑞典CEO的看法很有代表性，他说，平均而言，美国人的简历有30%的水分。无论他的看法是对是错，反正瑞典经理认定美国人是夸张的。

瑞典人的将来会是什么样？高科技的成功"会将瑞典人变成浮华而贪婪的资本家吗"？国际《新闻周刊》（Newsweek）的一位记者提出了这种质疑(McGuire，2000)。针对这个问题，美国技术预测专家兼加利福尼亚未来研究所主任保罗·萨佛（Paul Saffo）在文章中回答道："瑞典人'不用谷歌秀自己'的哲学还会深度运行……我不认为瑞典的IT精英们会在不久的将来开着宝马（BMWs）、法拉利（Ferraris）和哈雷（Harleys）在斯德哥尔摩兜风。"年轻的公司经理们还是跟现在一样，穿着牛仔服而不是套装来上班，在许多方面，他们仍然"如他们的长辈一样克制"，他补充道。事实上，"无线谷"与"硅谷"最大的不同是，"瑞典人对'土豪'（new money）很不舒服，对过度消费更不自在"，因为，一旦那么做了，就是相当违反劳哥姆和詹特法则的。

（五）反詹特法则运动

在21世纪初经济繁荣的此时此刻，许多瑞典人并不认为詹特法则对这个国家和民众有什么大影响，当然也有人不赞同，毕竟不是每个瑞典公司都是靠标新立异的高科技建立起来的，现在看来，詹特法则似乎对那些更小更孤立的领域影响更明显。

"对瑞典来说，詹特法则现在仍是一个迫切的国家性话题，因为它继续窒息着创造力"，约翰·斯腾伯格（John Steinberg），这位在瑞典生活了二十年的美国教育家这么认为，他被评为1997年"反詹特法则"年度人物，每年一度的奖项是由凯若斯未来(Kairos Future)[①]——一个专门进行"未来研究"并致力于反詹特法则的瑞典公司设立的，斯腾伯格通过你可以想象出的最反詹特法则的举止赢得了它——他提名了自己。

斯腾伯格跟瑞典人大讲詹特法则的危害，在接受本书的作者采访时，他说"未来是要创造力的，之前，瑞典靠产品的高质量赢得

---

①　凯若斯未来是一个国际研究和管理咨询公司，专注于前景预见、市场研究和基于情景的战略和创新，其客户包括中型公司、政府乃至跨国公司，1984 年由瑞典的麦兹·林格伦（Mats Lindgren）博士创建。——编自网络，译者注

了市场份额"（他注意到的没错，瑞典产品因其材料、设计和良好质量占领市场），"现在，质量是市场上的一个条件，而创新是关键，如果你告诉你自己和他人说你不够好，那你怎么能成为一个创新者"？他建议设立一个规则，明确放弃詹特法则，"我要大声地告诉大家，这里没有詹特法则，你想什么就说什么，让你的想法自然流露吧"。

当然，拆除一种文化哲学可不是一夜之间就能完成的，所以一些瑞典的咨询公司抱着反詹特法则的精神，正在用妥当的办法帮助其他公司打破詹特壁垒，詹特法则正变成一种文化痕迹，显得陈旧、过时和消极。现在的情况是，出现了很多反詹特法则条律，最常见的是这个版本：

> 你要相信你是不一般的，
> 你要相信你与每个人一样好，而且每个人也与你一样好；
> 你要相信你与别人一样机灵，有时比他们还机灵；
> 你要相信你与别人一样出色——如果你知道你正在努力，
> 就尽情欣赏吧，然后将做得更好。
> 有时，你比别人懂得多；
> 虽然你不比别人更重要，
> 但是你是完全独特的，
> 你有很多能力。
> 放松地嘲笑你自己和你的世界吧——这让你感到自由，
> 你要相信，很多人在意你。
> 你要相信，你可以教别人知识，而且还能向别人学习，

为什么呢？因为你是那种人——那种被别人需要的人。

除了民间，社会和政府也卷入了反詹特法则的潮流中。一个北部社区在网络上贴出口号，彰显了对詹特法则的敌意："我们的愿景是创立一个积极的、有活力的社会。在这里，人们相信自己和未来；在这里，詹特法则被我们甩在脑后；在这里，成功是一种时尚。"其他社区也在进行象征性的革命。北方一个小镇上演了一场审判詹特法则的讽刺剧：宣判詹特法则死刑，在火刑柱上烧了它——一个七英尺高、用干草做的"詹特老人"，通过它，人们希望将詹特法则的影响毁于一旦。一位首都报纸的专栏作家用经典的城市时尚用语狡黠地回应道："你千万别相信身在首都的我们会在意在诺尔兰（瑞典另一城市）的你干了什么。"（Ahlbeck，1998）

2000年，北方城市索莱夫特奥（Sollefteå）的官员们建造了一艘"詹特木筏"，并把它推进西博滕（Ångerman）河里，以此来放逐"詹特"。"詹特法则以各种伪装的面目出现，它的存在是积极的创造力的障碍"，索莱夫特奥商业发展部的托马斯·泰尔耶（Tomas Telje）在一个新闻稿上写道："这就是为什么它不再受欢迎的原因。"

在挪威的城市卑尔根（Bergen），商人们花了很多钱举办了一个论坛，会议期间他们把一个刻有詹特法则的石碑投进峡湾，潜水员在水下举起了刻有"海盗法则"（Vikingaloven）新信条的石牌，这个反詹特法则的版本告诉人们："你是最好的。""做你想做的。"

挪威媒体专家博格希尔德·格瑞姆斯塔德（Borghild Gramstad）说，如果反詹特法则运动不要走得太极端，效果应该是好的。他认为詹特法则积极的那一面常被人们忽略，"当我听到这些活动时，我想没有人能让詹特法则真正远离我们。我并不想改变那些人的想法，但是詹特法则也确实教会了我们一些其他东西，即对那些说自己比别人好、知道的比别人多、比别人更能干的人抱有一种理性的怀疑态度，其积极性的本质是让我们努力在斯堪的纳维亚建立一个民主的社会理想：每个人机会平等，财产平等，没有人损人利己"。（Gramstad，1997）

第八章

平等至上

自由平等的人应该拥有平等的权利。

——《瑞典统一和安全法案》（Förenings-och
Säkerhetsakten），1789年

　　瑞典的政策制定者们构建了一个细密的法制网络,保护瑞典公民的平等权利以及男人与女人、成人与儿童、瑞典人与移民们平等的合法性。政府监察员（*ombudsman*）是代表诸如残障人士、移民和儿童等弱势群体的；1969年，瑞典官方签署和执行了一项性别平等法规；瑞典有非常高的女性就业率，如果男女间的工资差异不合理就被视为性别歧视；瑞典关于平等的法律也对家庭法的制定产生了深远的影响，保障了儿童保健制度，并使得男人和女人都能兼顾父母角色与自身工作。

　　美国宪法说"人人生而平等"，瑞典人也是如此，他们很自豪自己的国家强调平等，每个人与他人一样具有相等的价值，事实上，这是詹特法则给人们造成的心理阴影后带来的一线希望：你不可以比别人好，但也不可以比别人差。

　　然而，无论瑞典的法律是否充分地得以实施，在现实生活中都会经常引起争议：有充分的证据显示男女在工作岗位和家庭中还是有不同的；文化的碰撞也会带来歧视和暴力。尽管如此，瑞典人在思想上还是确信而且愿意去维护法律的宗旨，按照哈佛大学的布赖恩·帕默（Brian Palmer）先生的解释，在某种程度上，平等观念已经是瑞典的"国家宗教"了，"人们可以将'国家宗教'视为一个广泛的符号和传统，它可以帮助我们确认一个集体身份，解释我们共同的历史，感受共同努力的目标。从这个意义上说，我们可以说平等的信念在瑞典人的社会意识中是一种国家宗教"（Palmer，2001），这种宗教虽然缺乏神祇，但是它丝毫也不比其他宗教缺乏道德约束力。

　　平等是瑞典人独立与力量的基石。当人们赞赏强者时，也同情弱者，瑞典国家将为每个人建立最低的生活质量保障放在优先地位，致力于缩小人们之间的差异，无论他是强者还是弱者；国家财政政策也导向于从富人那里收的税分发给不那么富裕的人，保护和维持平等的法律代表着lagom所描述的理念——谁也不能损人利己。

　　瑞典的民主不仅仅意味着投票权。[①]美国人的民主是基于这样一个准则的：遵从大多数人的意志是最公正的运行方式。瑞典的民主可不这样，纵观历史，那些弱势群体，如妇女、儿童、残障

---

① 顺便说一句，瑞典是世界上选举时投票率最高的国家之一，20世纪90年代的数字是80%（瑞典统计局，Statistics Sweden，2000）——译者注

人士和移民，得到了更多关注，而不是更少，这要得益于监察员（ombudsman）制度，这个早在1809年就出现的概念，也是少数几个直接被收编入英语语言的现代瑞典词汇之一。

一位监察员就是一个代表，他的主要目的是作为公民个体或团体的发言人与公众当局以及机构接触，观察他们是否滥用权力。监察员是政府任命的弱势群体的代言人，他们的职责是倾听所代表团体的抱怨声，让社会其他团体知道这些弱势者们的需要，确保他们的合法权益得到执行。这些监察员努力保证权力的平衡性，以确保那些弱势者的权益。

神圣的"霍瑞修·爱尔杰"神话(Horatio Alger myth)①告诉美国人，代表着每个人与财富间距离的只有努力工作再加上一点儿智力因素，"得到每个人该得到的"成为人们的默契，因此，贫穷被认为是个人或这个人道德上的失败；同样，对瑞典人来说，贫穷也是一种道德上的失败——但是，是整个社会的道德失败，而不是个体的失败。

（一）不能凌驾于他人之上

努力创建一个没有阶级、性别和经济差异的理想社会已经是瑞典模式发展的关键因素。"无论你是服务生、银行职员，看门人或财务主任，都是一样的"，在瑞典工作和生活的一位美国妇女说，

---

① "霍瑞修·爱尔杰"神话：爱尔杰是一位美国作家，他为年轻的工人阶级写了上百本小说，小说都描述的是从草根到富人的故事。通过他们勇敢地抗击贫穷与逆境的努力，主人公们都赢得了财富和荣誉，最终实现了美国梦。——编自网络，译者注

"有钱人不会得到特殊照顾；如果你区别对待不同阶层的人们，你就会被大大地鄙视。"

1809年，瑞典的贵族废除了古斯塔夫四世阿道夫国王，理由是他不能胜任王位，贵族们推立了一个自己选择的帝王：约翰—巴普蒂斯特·贝纳多特（Jean-Baptiste Bernadotte），他本是一位法国将军，在瑞典参与的最后一次战争中，效力于拿破仑部队，尽管严格地说来，他是个敌人，但他还是接受了邀请，并成为查尔斯十四世约翰国王（King Karl ⅩⅣ Johan），他的后代直到今日还占据着瑞典王位。

约翰作为国王的第一次露面是在瑞典国会发表演说时，用的是瑞典语，但效果实在是太糟了，他那滑稽的语言让瑞典人笑翻了天，受了打击的国王从此再没说过瑞典语，这位来自文化专制国度的法国人可是从来没被下属们这样肆无忌惮地嘲笑过的，可在瑞典，它就可以发生。（Hofstede，1991）

（二）追求性别平等

瑞典政府投入大量的资源以解决性别平等问题，目的在于将性别平等合法地付诸现实，其中有一个最重要的政府职位就是"机会均等监察员"（eauql-opportunities ombudsman），这是在《机会均等法案》（Equal Opportunities Act）下建立的一个独立的政府权威岗位，它向雇主和雇员们提供信息和建议，处理各工作场所所汇报的性别歧视问题。

1969年，瑞典官方签署并执行了一项性别平等的政策，既定目标之一就是：无论是在个人层面还是社会层面，都实现男、女之间权力和影响力的平均分布。尽管有的国家也制定了相似的原则，但都没有瑞典执行得这么有效。

后来，与美国的平等权利修正案相媲美的呼吁男女工作平等的法案(Act on Equality between Men and Women at Work)，即《平等机会法案》，也于1980年正式立法并于1992年更新。法案主要的目的是促进男、女在就业、工作条件、个人发展机会等方面的权利平等，法案不仅禁止性别歧视，也对雇主提出了明确要求，阻止他们的违法行为，还参与证实他们确实没有违法的调查工作。

在瑞典，雇主们是不能因为性别而歧视某个员工的，这一条例适用于招聘、就业、工作方向、终止工作、工作调动等方面，雇主也被要求采取积极行动促进工作单位的性别平等，包括预防员工可能被性骚扰（在瑞典，性骚扰是违法的，但是这类事件的诉讼远比美国少）和使男、女更容易兼顾工作及父母角色。

工资待遇不同也被认为是性别歧视，男、女同工不同酬是违法的。每年，雇主和他的至少十名员工都要接受关于男、女工资差异的问卷调查并分析结果，雇主被要求制定行动计划以促进本单位的性别平等，每年的工作报告中还要写明调查及整改方案。

然而，不论法律制定得如何完善，在现实中，男、女间的工资差异还是存在的。按照瑞典统计局最近的研究，女性的平均工资是男性的82%，研究把这种差异归结为女性上班的时间长短、工种及她们在工作中的表现，但是研究也得出结论：大约有5%的差异，是缘于性别歧视。

瑞典女性工作的比例非常高，这种趋势开始于20世纪70年代，那个年代国家的经济状态使得夫妻双方都有收入显得更加必要。1998年，20至64岁间的女性有74%外出工作，男性为79%，女性选择兼职工作的比例更大（女性27%，男性7%），因为尽管努力实现男女平等，但女人仍然是照顾孩子和做家务劳动的主力。

与美国——这个产生女性总统的愿望可能遥不可及的国度相比，斯堪的纳维亚妇女们在政治上的追求更高。瑞典妇女在政府中居要位的人更多，在政党中当领袖的人也更多，几乎一半的国会议员是女性，在地方政府上，妇女也担当重要职责。1921年开始，瑞典妇女就在所有的选举中有了投票权。瑞典最大的政党——社会民主党在最近的选举中既有男性也有女性候选人竞争首领。1979年，王储维多拖利亚（Victoria）公主出生两年后，瑞典就修改了17世纪克里斯蒂娜（Kristina）女王退位后制定的王位继续法，允许女性继承王位。

女性最大的政治突破是1994年的选举，这一年，妇女们发动了一场激劲的运动，口号是："全额工资，一半权利！"目的是要显示她们应该在现实中真正得到平等的利益和充当半边天。

1996年，政府第一次实现了性别数量完全对等的组阁——部长大臣男、女分别占11个，女大臣负责外交、农业、司法、文化、劳动、教育、环境、交通、社会事务和平等权利事务，这一年，国家26位副部长中有10位是女性，国会发言人是女性，算起来，决定重大政治事务的国会常设委员会的43%的议席都是由女性领导的。

然而，评论家指出：尽管官方有这些性别平等的现象，但是男性在重大政策制定上仍占统治地位，而且，私人企业的高管中，只有10%的女性。

"在瑞典，作为女性和领导，你可以做任何你想做的事，只要别太出格。"巴布拉·戴尔褒姆—霍尔（Barbro Dahlbom-HaLL），一位瑞典讲演家和管理咨询家，也是《领导女性——对男领导们的建议》（*Leading Women: What Men Need to Know for Women to Grow*）一书的作者这么说："换句话，真正的权利就应该出现在它该出现的地方，但是，除此之外，你还可以延伸到任何地方、任何位置。"（Dahlbom-Hall，1999：1）

不过，即使是在拥有很高妇女职务比率的政府部门，"仍然是男人们在负责"，霍尔说，"选一位女性当外交事务大臣或教育大臣是非常好的，但是现实中，男性社会的法则依然支配着人们做出决定"。这种情况也出现在私企的高管位置上，尤其是在居于世界领先地位的瑞典通讯与信息等高技术行业，她补充说。事实上，瑞典的女商人们开玩笑说信息技术"IT"这个词是瑞典语"Inga Tjejer"的缩写，意为"没有女孩子"，这种看法现在已经是事实了。斯德哥尔摩的日报《今日新闻》（Dagens Nyheter）的调查发现，在22个官方列出的IT公司里，没有一家依法制定的年度行动方案中有促进工作场所性别平等的条款。

因此，瑞典的女权主义者当然有权要求国家和企业做更多的努力，帕默（Palmer）说，尽管私营单位有着不可调和的差异——尤其是在高级主管的位置上——但是，瑞典在女性的权利方面还是领先于其他国家的，没有哪个国家有这么大比率的妇女在工作，他写道："瑞典在发达国家职业技术女工的比例也占世界之先。"他还引用了美国作家苏珊·法露迪（Susan Faludi）在瑞典生活了几个月后得出的结论："如果说有哪位妇女想在社会上占有权利位置，最

有可能发生的地方就是瑞典。"（Palmer，2000：124-25）

　　瑞典人的做事风格就是出现问题就研究问题。1993年，瑞典政府建立了一个委员会，分析私企高层管理者中女性少的原因，研究的结果之一是在1995年成立了企业领导者学会（Business Leadership Academy），该学会通过进一步研究和公开研讨，努力增加女性在私营单位高层管理者的数量。1994年国家任命另一个委员会研究男女在财务资源分配上的性别差异，以及经济力量与性别的关系，它的目标是调查经济政策如何影响了男女的地位、核实男女在各种条件上的差异，并探索弥补这种差异的途径。

　　一位在瑞典的技术单位工作的美国妇女这么评论道："关于是不是真如工作广告所说的那样男女工作平等，确实还有些问题。'25岁到40岁的女性多是秘书、接待员、办公室经理等岗位'。"不过，她又补充说，她的公司有几位女性管理者，她并没有看见工作中的歧视。

（三）　家庭友善准则

　　有关平等的法律对家庭法的制定产生了深远的影响。瑞典家庭法的目标是将男女放在婚姻中平等的位置，并且在离婚或死亡发生时保护经济贫困的一方。相关法规，如父母法规（Code of Parenthood）和父母育儿假期法案（Parental Leave Act）把对家庭和孩子的责任共担作为基础。幼儿托管的方便已经使瑞典妇女能后顾无忧地去上班，这个系统也让男人像女人一样受益，使双方都可以兼顾好工作和父母的职责。

对家庭十分友好的父母育儿假期法案允许父母在孩子出生后休息总共12个月的假，其中的一个月是让父亲休的，如果父亲决定不休，那么整个假期就减成11个月了，准妈妈也可以在产前休假。父母在家休假期间，拿工资的80—90%，而且保证他们还能在假期结束后回到原工作岗位。调查显示50%以上的父亲在孩子出生的第一年用了他们的休假权，有些男人说他们正考虑选择不休育儿假，因为他们不愿意被减薪，此时，瑞典的一些大公司，如爱立信，就提出了倡议，为新父亲们补充替代性收入，以使他们的工资回到100%。

瑞典为幼儿和学前儿童提供了很方便的日托。这个系统随着20世纪70年代早期妇女开始进入劳动力市场而发展得越来越快。瑞典公平事务助理副部长莫娜·丹尼尔森（Mona Danielsson）解释说，25年前，瑞典女性面临着如当今美国女性同样的问题：她们中的很多人要外出工作，但是好的幼儿园却很难找。结果是，瑞典妇女开始放弃做母亲，人口出生率骤然下降到差不多跟1978年大萧条时一样低。此时，政策制定者们意识到国家将面临未来的人口短缺——这将减少国家税收，以至于可能威胁到国家的社会利益结构。怎么办？后来的做法是：兴办托儿所，并给生育两个及以上孩子的妇女进行金钱奖励（可惜，后者在1996年终止了）。

那个时候，瑞典社会民主党政治家，后来的议会发言人博基塔·达尔（Birgitta Dahl）刚刚被选进政府，有时候，她开会到很晚，她的孩子们没地方去，都不得不坐在走廊里等妈妈下班。她成为成功的国家扶持托儿所活动的"传教士"，其结果是，20世纪60年代末期，瑞典只有1万个托儿所，而到70年代末，就有了13万个。日托中心归市政所有，由父母或雇员或私人合作管理，令外人难以想象的是，有一个托儿所就安扎在议会大楼里面。

如今，法律保障每个大于18个月的孩子都要入托，10岁以前的孩子都可以在放学后进入儿童中心接受照顾。那么父母为这些公共托儿机构花费多少钱呢？大约是所有费用的10%。

（四）家庭内部的平等

尽管多数瑞典家庭里，女人是照顾孩子和做家务的主力军，但瑞典男人与女人分担家务和照顾孩子的程度远远大于多数美国家庭，这甚至引起了不少移民的嘲笑，瑞典的男孩和女孩从小就看着家务劳动和家外的工作都是爸爸与妈妈共同分担的。

一位瑞典妇女称自己那位做"居家爸爸"的堂兄弟为"温柔的维京人"，这个身高六英尺四英寸、有着宽厚肩膀的父亲像个保姆一样照顾四个孩子的里里外外，而他的妻子却在外出工作，他每周都要烹饪、扫除、烤面包……她自豪地说，从揉面到出炉，全能搞定，可是，并没有人会想到叫他"妈妈先生"，她补充道。一次，有人问起他们的一个儿子，妈妈平时在家里做什么，那个男孩想了好半天才说："她洗衣服。"

瑞典的儿童被认为是独立的个体，他们有权不总是与父母保持一致。法律认定，违法的身体上的惩罚和任何形式的处罚，包括语言伤害，都是虐待，因此，父母很少在公共场合训诫孩子，在他人面前打孩子屁股的父母除了自取其辱，别无好处。所以，多数瑞典父母并不信奉"棍棒底下出孝子"，他们更倾向于讲道理，跟孩子们说话时也像是在跟成人讲话。因此，从保守的文化地区来的移民常常抱怨瑞典的家长根本不管孩子，是不称职的父母。现实生活中，生活在瑞典的许多外国人习惯了传统的家庭结构，即一个威严的父亲对孩子们定出许多清规戒律，而这是前几代瑞典父母干的事，在明确地提出儿童权利的法律出现后，那种情况就有所改变了。

不过，一位瑞典的社会工作者提醒道，多数移民并不了解瑞典家庭，如果他们深入瑞典家庭内部，就会知道，瑞典人其实是管教他们的孩子的，只不过是在自己的家里头，而不是在外人面前。

（五）平等和亲密关系

在亲密关系中，平等也扮演着重要角色。尽管瑞典女性在性方面遭遇双重标准，比如男人滥交就可以被接受，女人则不行，但比起那些保守国家，包括美国在内，瑞典女人还是更平等的。无论女人还是男人主动建立亲密关系，都是可以接受的，同时，他们在生活与交往中，更有可能选择各花各的钱。

对从其他文化中来的妇女来说，绝对的平等似乎会让人感觉不那么礼貌。"关于'平等'的概念可能是这样获得的：你紧跟着一位男士后面进门，随后被反弹回来的门打到脸上"，一位住在瑞典的美国妇女嘲讽道："你无法意识到像一位男士给你扶着门让你进去这样的小事有多重要。"尽管不少瑞典老年男人会扶着门，让后面拿着重行李的人或者女士们先进去，但是瑞典的年轻人却很少这么做，他们并不是不尊重妇女，仅仅是不知道要这么做。但是，这让外国人形成了一个印象：瑞典人是粗鲁无礼的，其实误会只是因为角度不同。

像美国妇女一样，瑞典女人也不愿意让别人觉得她们不够强，那些在自己的国家为女士们扶着门的男人到了瑞典会发现，处于困境中的瑞典妇女既不会因获得意料之外的帮助而高兴，也不会被让自己显得无能的情景所激怒，这非常令人费解。比如，一位在美国工作的瑞典小伙子不明白，为什么在当自己先上了电梯后，跟在他后面的女同事会冲他瞪眼睛，后来，他的美国同事向他解释说美国男人通常会让女士先行，瑞典小伙子却觉得这很可笑，他的观念是谁在前面谁先走，"瑞典女人绝不愿意受到这样的保护"，他义愤地宣称。

在隆德大学做教授的妻子和做农场主的丈夫

同样，前面提到的那位讲进门的故事的美国妇女，也要努力向不理解她的怨气的瑞典同事解释说，其实她自己也是一位女权主义者，但是，在美国，这些细节反映出的是礼貌问题，而不是大男子主义，可惜瑞典的女人和男人都认为这种想法太老套了。当然，也有例外，当绝对平等意味着缺乏"彬彬有礼"的风度时，瑞典女人更愿意在两性间的互动中选择别那么瑞典化。

玛丽·汉可伯格（Marie Hagberg）撰写了一篇文章：《瑞典的绅士们在哪里？》发表在一份瑞典女性杂志《阿米丽亚》（Amelia）上。她采访了一个瑞典大学生作家，这位被采访的女孩子说是时候给瑞典男人们开一个社交礼义学校了，"他们不知道怎么调情，不会赞美人，不常送花和礼物，不会开门，他们只知道在和你一起吃饭的时候为他们自己买单"，她抱怨说。那么，什么是瑞典人标榜的平等呢？"我们现在还未达到真正的平等"，她说："当女人确实在经济上跟男人地位一样时，我们才能对话，那样才更容易接受男人们冷漠的举止，但是，现在还不是时候。"她补充道，"女人就是女人"。这句话的意思是女人有时想让自己像公主一样被对待，她的美国男朋友就这么待她，"他为我开门，我们一起吃饭的时候，他付账，他待我就是一个真正的女人，他也非常殷勤，做很多瑞典男人不做的事"。

综上所述，瑞典的性别角色跟在美国或者其他西方国家一样是有些含糊的，关键是要记住，瑞典国家的理想是：无论男人还是女人，成人还是儿童，瑞典人还是非瑞典人，老板还是员工，在生活中都处于平等的地位。

第九章

季节的力量：夏日、冬季和假期中的瑞典人

"如果一个人被装进了麻袋里，外面的人小心翼翼地打开它，露出一道缝让阳光照进去，里面的人就会开始发疯，他们把雪清理开，昂起自己苍白的冬日的脸朝向天空。如果你在地球上任何一个地方看见这样一个如饥似渴地凝视着太阳的人，不用问，准是瑞典人。"

——莉娜·拉森（Lena Larsson）

瑞典的季节间的反差是极其大的，所以"夏日的瑞典"与"冬日的瑞典"截然不同，冬日因缺少阳光而令人沉闷，而夏季充足的阳光又使人们充满活力。瑞典人享受与大自然这种特殊的关系，他们沿着动物、植物生长的轮回，追随着季节的更替。假期当然也是极其重要的，瑞典人的生活似乎是一个假期接着一个假期，而且，对瑞典人来说，夏日是那么短暂和珍贵，所以他们坚决捍卫自己休假的权利。

"轮回的季节有如此天壤之别，季节的更迭又是那么快捷，宛若一曲动人的诗篇，哪怕是铁石心肠也会为之动容。"这些话是保罗·布里顿·奥斯汀（Paul Britten Austin）在他的《论瑞典性》(On Being Swedish)（Austin，1968：126）一书中写的，他是对的：世界上没有什么地方的人们的心情和行为，像居住在瑞典以及更北部地区的人们那样，如此大地受着季节的影响。"夏日的瑞典人"和"冬季的瑞典人"是那么不同，这一点，没人比瑞典人更清楚了。

瑞典的季节完全不同：冬天又长又黑；春季很短，有时还潮湿；人们渴望的夏季，是那么舒适，有着长长的白天和似乎永远快乐的夜晚；秋季，色彩充满活力，可惜越来越短的下午见证着冬季的来临。

其实，瑞典人对季节的敏感与温度的变化无关，但跟变化着的日光量有关。瑞典的气温比同纬度的其他国家平均高出8摄氏度，原因是它接近温暖的大西洋湾流(Kisthinios，1996)。十二月末，白天很短，北方几乎看不到日光，在首都斯德哥尔摩，上午九点天才蒙蒙亮，下午三点就夜幕降临了，当然，六月末，瑞典北方就二十四小时沐浴在白昼中了（因此，就有了"午夜阳光的大陆"的昵称）。斯德哥尔摩夏季的夜晚非常短暂。

因为阳光有限，一些瑞典人（也可能有其他地区的人）在冬天会经历一种叫季节性情感障碍的抑郁情绪，然而，幸亏对这种症状有了新的认识，人们现在在想办法弥补缺失的阳光，比如制造了模拟阳光的特殊光屏，这样的光屏甚至建在了斯德哥尔摩的一些咖啡馆里，让人们享受咖啡的同时也接受急需的光线治疗。然而，让瑞典人得到"阳光修复"的最流行也是最传统的方式仍然是在冬天到暖和的地方去，这使得去南欧和佛罗里达的包机旅行成了一个越来越兴旺的行业。

　　当然，不是每个瑞典人都在冬季"逃亡"的。户外活动，包括滑雪和雪上摩托运动，都是相当流行的，而且，冬季还是一个让人们放慢脚步、充电和做平时没有足够时间做的事情的大好时机，比如读完正在读的书。

享受阳光的瑞典人

（一）大自然的信息

　　阳光的增强与减弱只是瑞典人追随季节变化的一个信息，尤其是在冬季向春季转换时。但是，大自然信息变化的周期中蕴藏着更多同样重要的方式。

　　许多瑞典人通过鸟，如百灵鸟和鹤的迁徙和鲜花的盛开知道了春天到来的信息。这个季节的第一批庭院花是当雪还没有完全融化时就开放了的雪莲花和藏红花，人们在森林中寻找款冬、地钱草、五叶银莲花、黄华九轮草。气温渐暖的五月末，铃兰花盛开。随着夏日的到来，大自然显得非常慷慨：野草莓、蓝莓、酸越橘漫山遍野。当秋天渐行渐近时，山野中到处可见野鸡油菌和各种蘑菇。

外国游客时常好奇，为什么手提小篮子走在森林中采摘鲜花与蘑菇，会是瑞典人的一种休闲方式？！许多人在安静的、人迹稀少的森林中找到乐趣，这是人们从日复一日的忙碌生活模式中缓解自己的一种方式。已经似乎不那么宗教化（或者如有些人称呼的"后宗教的"）的瑞典人仍然保持着对大自然的虔诚，他们在与自然合一的过程中体验与圣灵的亲近。

译者的导师和她的丈夫在自家的森林中采蘑菇

一位在国外生活了很多年的瑞典妇女讲起有个脱离了瑞典国籍的小伙子来拜访她的情景。当他们的谈话转入大自然这个话题时，她谈起一次在冬季沿着河边散步，被阳光反射在冰面上的美丽景致所震惊时的敬畏之情。那个小伙子也讲了一段自己的经历：他曾邀请他的英国朋友们坐着帆船游览瑞典西海岸的令人惊叹的旖旎风光，这个地区以遍布的岩石和稀少的植被而著称，这个瑞典人觉得海岸线那荒凉的美丽令人震撼，他们边航行时，他边赞叹景色那么美妙，然后，他的客人们却只是问："我们什么时候能到目的地呀？"显而易见，他们并没有发现瑞典人眼中的特异之处，"对大自然深刻的欣赏一定只有瑞典人才懂"，他得出这样的结论。

瑞典南部小镇Bjarred的黄昏，图为译者好友范晓楠所摄

　　的确如此，即便是面对大自然，也只有心中有美的人才会发现美，瑞典式的对大自然的赞叹是非常深刻的。一位来自智利的长期居住在瑞典的人说，自己15岁后，才开始感受到美丽的大自然的独特的品位。有一天，他与家人一起在岸边漫步，看着一群鸟从水中飞起，不禁高声喊叫："美得刻骨铭心！"他的被感动说明他变得更像瑞典人了。

　　瑞典人之所以会与大自然及户外活动产生这么紧密的联系，原因之一在于公共区域使用权（Allemansrätten，也可称为每个人的权利），即人人都可以使用公共资源，这种一般权利具有瑞典的独特性，这个古老的法律保证了每个人都能进入森林、野外，甚至私人所属的陆地。这个法律假定起源于一个观念，即允许人们为自己提供生存的机会；而今，它意味着瑞典的任何自然区域都是供每个人享受的。比如，你尽可以去散步、野餐、露营、摘花（特殊品种除外）、摘草莓或蘑菇供自己食用（不能去卖或再植），而不必担心被驱赶或被抓。

　　但是，自由总是附带着责任的，参观者被要求"不留下痕迹"，即：不要破坏或乱丢垃圾，废弃物要打包带走，与别人的住宅保持适当距离，不要打扰别人的私生活等。当然，这并不意味着如有些人误读的那样，以为可以随意进入别人家的院子或果园去采摘人家的果实，不幸的是，这个权利有时被外国人滥用，导致了部分瑞典人的不满。

　　因为热爱大自然，瑞典人可能是世界上最活跃的环境保护主义者，他们是狂热的物质再循环利用者，不允许也不赞成通过过度包装的手段使物品升值，并严格限制清洁用品中的化学物质，即使是到期的药品，也要被送回药店，进行适当处理。在瑞典，相关的商业决策都要考虑环境因素，这比在美国严格得多。

在20世纪90年代，每年的八月中旬都要举办一年一度的斯德哥尔摩水节（Stockholm Water Festival）。这个在城中心举办的为期一周的活动是为了纪念瑞典自己的水再生的成功。环绕在首都周围的14个岛屿的水曾经被严重污染过，现在已经纯净到足以滋养健康的大马哈鱼了。垂钓的人们纷纷从闹市赶来钓鱼，还可以下水游泳。水节的最高潮是颁发斯德哥尔摩水奖（Stockholm Water Prize），由卡尔十六世古斯塔夫（King Carl XⅥ Gustav）给一个公司或团队颁奖，奖励来自世界各地为改善水资源或阻止更大水污染而付出巨大努力的人们。这个奖项每年一届，持续至今。

（二）冬季的传统

在瑞典人的日历上，被醒目标出的自然季节都是主要的节日，给人的感觉是，瑞典人的假期似乎是一个连着一个。

秋天来临时，白天渐短，瑞典人就开始裹着厚厚的衣服急匆匆地下班，像要冬眠般地消失了。他们在室内消磨时光，努力使家里变得舒适和温暖，这是瑞典人stämning的一种方式，这个词有点儿难翻译，比较贴近英语中的"营造氛围"，但在瑞典语中还有着非常强烈的"亲密"和"在一起"等情感含义。

营造气氛最常见的方式就算是点蜡烛了，瑞典人非常喜爱蜡烛，尤其是在冬天，以蜡烛为主角的最有名的节日是12月13日的露希亚节（St.Lucia）①。

瑞典人庆祝12月13日已经有好几个世纪了，但并不总是因为同一个原因，当然也不总是用同一种方式。12月13日是瑞典的冬至，这是一年中夜最长和最黑的日子，据说这一天，精灵和女巫们会走上街干一些诸如绑架淘气的孩子之类的事。过去，人们喜欢穿戴着黑色的面具和服装，在露希亚节的夜晚走到街道上恶作剧，现在，这种习惯已经消失了，但是一些年轻人会举办聚会，恶搞一下，也算是"看见露希亚"了。

在中世纪，露希亚节的时候就是圣诞节前的禁食的开始，习俗讲究在圣诞节之前，人们不可以吃肉，但能吃鱼。露希亚节前后，秋天的工作就该结束了，农民们要储藏粮食和屠杀牲畜，准备圣诞大餐，在露希亚节之夜，人类和牲畜都会获得一些额外的东西，即"露西亚小点"（Luciabit），动物还会得到一束燕麦或者一点儿美味小吃。清晨来临时，恩赐就转到人类身上了，每个人在禁食开始前，都将享受一顿丰盛的早餐。

渐渐地，排着露希亚队列庆祝12月13日就演变成了一个传统，露希亚身着白袍，戴着蜡烛头冠，被一群白衣随从包围着，行走在城里。队伍边走边唱着这首传统的《露希亚之歌》，歌词来自描述

① 瑞典传统节日，又称"瑞典露希亚日"。这一节日于每年的12月13日清晨开始庆祝，是所有祈祷光明的节日中最具有瑞典本土特色的，同时也被称为"迎光节"。这一天，瑞典全国的各个学校和教堂都可以看见身着白色长袍、手持蜡烛的儿童们，簇拥着一位同样身着白色长袍、头戴金色蜡烛花冠的金发美女，一同在北欧冬季寒风凛冽的夜色中穿行歌唱。12月13日是瑞典一年中黑夜最长白昼最短的一天，从这一日开始，白天将慢慢变长，而令瑞典人郁闷烦恼的悠长黑夜则一日短过一日。——编自网络，译者注

圣女露希亚神奇出现的瑞典诗文，旋律则是同名的意大利乐曲①。

这一天，家家户户都会在自己的家里面重演露希亚仪式：13日一大早，家里最小的女孩，会穿着又长又白的露希亚长袍，由哥哥和姐姐陪着，给坐在床上的父母端咖啡、生姜饼干和橘黄色的面包。

今天的人们所庆祝的露希亚节是为了纪念锡拉库扎（Syracuse，意大利西西里岛东部的一个港口城市）的天主教圣徒露希亚的，她出生于罗马帝国最鼎盛的3世纪，有关她的传说都是围绕着作为一个基督徒的她面对种种迫害时所表现出的勇气的，但是这些传说都在公元304年12月13日她被处以死刑并被追认为圣徒后戛然而止。其中的一个传说是，露希亚跟一个不是基督徒的人订婚了，按传统，女人订婚是要带嫁妆的——钱、牲畜和贵重的礼品，但是露希亚将她的嫁妆分给了贫穷的基督徒们。当她的未婚夫将此事告诉了罗马人后，他们决定处死她，先是用水淹她，她没死；后来，又用火烧她，她还没死；最后，他们用剑刺她，这次她死了。她那白色的长袍被鲜血浸透，这就是现在的露希亚为什么有一个红色的缎带系在腰上的原因。

还有一个版本是这样的，传说露希亚有着一双美丽的大眼睛，

---

① 　歌词大意是：黑夜伴随着沉重的脚步走来，在农庄和村舍的四周，围绕着地球的太阳已被抛弃，只剩下阴影的笼罩，而我们那一片昏暗的家中，她头顶着光明的蜡烛站立在那里，这就是圣露希亚，圣露希亚！哑然无声的黑夜正在过去，现在有人听到了翅膀的声音，在每一个寂静的房间里，好像是来自天使翅膀振动的飒飒的声音。看吧，她正站立在我们的大门入口处，身穿白色长袍，头戴金色蜡烛花冠，这就是圣露希亚，圣露希亚！黑暗不久将会离开，从地球的山谷河流中，然后她说：一个奇妙精彩的世界正展现在我们的眼前，白日将会获得新生，从蔷薇色的天空中冉冉升起，这就是圣露希亚，圣露希亚！——编自网络，译者注

笃信基督教，有一位王子爱上了她，但因为他不是基督徒，她拒绝了他，为了证明她对上帝的忠诚，她挖出了自己的双眼送给王子，因此，他立即转而信奉基督教了。露希亚的眼睛后来被圣母玛利亚收藏了，这就是为什么露希亚被称为是圣徒形象的守护神的原因，露希亚的名字也与拉丁语的"光明"相联系。

后来成为基督徒的维京商人们把露希亚的传说带回到瑞典：在中世纪可怕的饥荒中，一个装载着食物和衣服的大白船出现在瑞典中南部的维纳恩湖（Lake Vänern）上，在掌舵处站着一位穿着闪闪发光的白袍的美丽少女，她的头上是绚丽光环环绕着的王冠。当船上的物品卸载完时，她就消失了，感恩的人们相信来拯救他们的人就是圣徒露希亚。

如今，瑞典的学校和城镇都有自己的露希亚队伍，斯德哥尔摩甚至每年举办一次国家露希亚小姐游行。由于露希亚节正值诺贝尔奖获得者汇集在斯德哥尔摩领奖之时，瑞典的露希亚小姐就成了一个传统，她们会叫醒这些诺贝尔奖得主们，在早晨那短暂的时间喝杯传统的咖啡，尝尝橘黄色的小面包。这些领奖人将黎明前的这段体验赞叹为天使的光临。

一位在瑞典生活了很多年的美国管弦乐队指挥讲了他第一次参加露希亚节仪式的经历：他才工作没几周的时候，他的同事们决定在12月13日早晨唱着露希亚颂歌，带着橘黄色的小面包出现在他家门口，让他惊喜一下。他迷迷糊糊地开了门，因为既不熟悉这个传统，也不认识他的新同事，他以为这些人是来推销东西的，连忙说："不用了，谢谢。"就关了门继续睡觉，可想而知，那天早晨他上班的时候，主要工作就是向同事们道歉。

　　瑞典人在12月24日会庆祝圣诞节（Jul），在基督徒庆祝圣诞节这一传统节日之前，瑞典的异教徒们庆祝的是"仲冬盛宴"（midwinterfeast）（Kisthinios，1996）。圣诞节在如今的瑞典已经相当世俗化了，但是还是有许多平时不去教堂的人们到教堂去做晨祷（julottan）——清晨所举行的神圣的礼拜项目，这是一个完美的营造气氛的仪式，蜡烛的光明照亮着整个教堂。

　　圣诞老人会在圣诞夜或者下午时来到凡间，不是趁人们睡觉时从烟囱中钻进来的，而是从前门走进来让孩子们开心的（一位家庭成员或朋友装扮成圣诞老人做这些事）。圣诞大餐则是由摆放好的一排瑞典传统食品构成的自助餐。跟美国有所不同，瑞典的圣诞餐

瑞典隆德大学心理系的圣诞大餐就摆在走廊上
（图中人物为本书译者）

非常家庭化，主要食品是烤的或腌的火腿，其他食品则包括瑞典肉丸、鳕鱼干（lutfisk，一道将鳕鱼泡在碱水里然后煮开，再晒干的味道并不那么好闻的菜），还有米粥，所有这些东西，包括烤制面包和点心、浆果罐头、冻蘑菇等大量的食品从12月初就开始准备了。

12月份，寒冷的客人会被邀请喝一杯哥醪哥（glögg）——一种热热的、有香料的、可以加也可以不加各种酒精配料的红酒，客人们可以自己加一匙葡萄干和杏仁丝，就着心形的生姜味饼干慢慢品尝它。

美国是在圣诞节后的第一天商店就开始营业，人们步入工作日，但是瑞典不同，圣诞节后的第一天还是个假日，第二天还要放假，这意味着，从圣诞节那一周的到来到新年之间，人们基本不工作。事实上，新年后的工作要恢复正常还要好几天呢，因为1月6日又是一个节日①。这样，非官方的圣诞节通常持续到1月13日，商人们可要根据这些情况制定相应的对策呀！

（三）春天的新生

伴随着春天的脚步，瑞典人要庆祝的就是复活节了，这个节日不仅寓意着耶稣的死亡和复活，也是异教徒或无宗教信仰的人们庆祝春天的新生的好时机。复活节的一个重要装饰物是由彩色的羽毛修饰的桦树枝，浸没在水中的桦树枝，不久就开始发芽，淡绿色的叶子是草木葱茏的春天就要到来的最早的使者，传说人们用桦树枝

---

① 1月6日是宗教节日主显节（Epiphany）。——译者注

彼此抽打，就是在提醒耶稣正在受难，但是，要提醒外国人，请别轻易在你刚认识的瑞典朋友身上试这招。

　　像其他许多瑞典节日一样，复活节保留着很多迷信时代的痕迹：复活节的前一天，小姑娘们涂抹脸庞装扮成女巫的样子（在提倡平等的当今，小男孩也可以这么打扮），她们穿着妈妈的长裙子，下巴上裹着围巾，提着咖啡壶去敲邻居们的门，期望能得到一枚硬币或一些糖果（在某些地区，作为交换，可以给对方一个手工装饰的复活节卡）。这个传统起源于一种迷信，即邪恶的灵魂在这个时节盛行，其代表就是女巫骑着扫帚飞向蓝山去与魔鬼密谋，而如果给一点儿小礼物，女巫们就会平息，不再闹事。

　　在复活节之夜，人们会享用有着复活节彩蛋的特殊晚餐，成人和儿童一起在煮熟了的鸡蛋上作画，不过，复活节彩蛋也有替代物，孩子们可以收到装满糖果的可爱的纸鸡蛋或塑料彩蛋。

译者的房东准备的复活节午餐

四月的最后一天是Valborg，即沃普尔吉斯之夜（Walpurgis Night）①，一个全瑞典都要庆祝的重要节日，尤其是在大学城。篝火照亮夜空，人们聚在一起喝酒、唱歌，歌颂大自然和春天，并祝福夏季——尽管人们会在这个很不夏天的春夜冷得瑟瑟发抖。按照传统，成人都要戴上高中毕业时的帽子（有着黑色帽舌的白帽子，但不是学位帽，瑞典所有从中学毕业的人都有），这个传统可以追溯到只有极少数人才能高中毕业的年代。

在瑞典，高中毕业本身就是一件极欢乐的大事：毕业的那一天，家人和朋友们都会聚在学校门口，举着让这些毕业生们觉得尴尬而滑稽的个人照片，等待他们走出校门，然后将鲜花和塑料玩具戴在脖子上以示祝贺。在毕业生们经历这一番打扮和祝贺之后，他们和他们的祝福者们要共唱经典的"学生之赞歌"（Student's Hymn）②——这首家喻户晓的歌曲是由瑞典的一位王子谱写的。然后，毕业生们被一些特异的车辆，如挂满了桦树叶和气球的皮卡车或者消防车之类接回家，参加家里人专门为他们举办的聚会。

---

① Walpurgis 这个名字来自 8 世纪的英国传教士圣沃尔布加（Saint Walburga），Valborg 是其瑞典语发音。这个节日跟宗教几乎没有关系，事关春天的到来。庆祝的形式在各地有很大的差别，通常不是在家庭场合，而是在公共场所，由当地的团体负责组织安排，意在鼓励人们拥有集体精神。——译自网络，译者注

② 这首洋溢着年轻的朝气与乐观主义的歌曲由古斯塔夫王子（Gustaf）于 1851 年创作完成，1852 年首次亮相，可惜，年轻的王子并没有享受这个充满希望的世界，伤寒症在 1852 年夺去了他年仅 25 岁的生命。歌词大意如下：让我们歌唱这快乐的毕业季，让我们欢庆这年轻人的春天，我们的心欢快地跳跃，光明的未来属于我们。没有暴风雨肆虐在我们心头，希望是我们的朋友，我们坚信它的承诺，当我们在丛林中形成年轻的联盟，辉煌的桂冠就开始萌芽，辉煌的桂冠就开始萌芽！加油吧！——感谢瑞典学者 Ingemar Ottosson 提供歌词瑞典文与英文，译者注

举着照片在校门口翘首等待毕业生的家长们

头戴学生帽，身挂各种贺礼的高中毕业生们在校门口狂欢

被专车接回家的高中毕业生

　　学年的最后一天对更小年龄的学生也是特殊的日子，孩子们汇集在操场或教堂（这是屈指可数的能在教堂中找到很多瑞典人的场面之一），而且，作为典礼的一部分，他们歌唱和赞颂大自然："鲜花盛开的时节正在来临。"这是一首送给姗姗而来的美丽而自由的夏季的颂歌，没有瑞典人听到这些著名的歌词时不为之动容。

（四）终于：夏日来了

　　六月，夏日的瑞典人出现了！

看看吧，每个人、每件物品都挪到了户外，人们紧紧抓住在后院和阳台上喝咖啡、吃饭的所有机会，周五下午，大家都拼命从办公室逃出来，奔向乡村。很多瑞典人都有夏季房，那是他们逃离城市的好地方，在那里，他们钓鱼、扬帆，或者仅仅是放松。不过，瑞典人休假时似乎比工作时还要辛苦，他们总有很多花园或别墅里的活计要做，锤打和锯条的声音回响在大地。

在乡村没有别墅的人们会在城里租一块花园，这些区域让人们不用进田野就能种植蔬菜和鲜花，这是一种城市中的乡村生活。这些所谓的"花园殖民地"始于20世纪早期从乡村搬到斯德哥尔摩的人们，这是他们想找到回家的感觉的一种方式（这些小补丁大的地方也因它的富有特色而值得一观，它们就像是被水果、蔬菜和鲜花环绕着的小农舍）。

夏日的瑞典湖畔

夏日的瑞典乡村

　　瑞典夏季最重要的节日当属仲夏节，日期是离夏至最近的那个周末，仲夏节起源于异教徒和农业生活，现在可以算是一年中最盛大的节日了。从这个时候开始，瑞典人才真正从冬季的无精打采中复活过来，尽情享受夏日的快乐。

　　仲夏节是对大自然最隆重的庆典，典型的饰物是五月柱。 五月柱源自古老的异教徒们丰富的想象力，或大或小的五月柱在乡村随处可见，它们竖立在公共花园和私人家园里，大人们和小孩子们汇集在五月柱的圆环下跳舞，如果幸运的话，还有传统的手风琴和小提琴的伴奏。这些舞蹈或者也能叫"舞蹈游戏"，是任何一个在瑞典长大的人都熟悉的，看起来相当滑稽，因为你并不是每天都能看见一个成年人像青蛙那样蹦蹦跳跳的。看到他们狂欢的情景，外国人不禁会质疑：此时如此欢快活泼的人与那个紧裹着棉衣在黑暗的

仲夏节的五月柱

冬季行色匆匆赶回家的是同一个人吗？

最后到来的、非常瑞典化的夏日庆典是龙虾节（kräftskiva）。美国的小龙虾通常与路易斯安那州和法国后裔的菜肴有关，人们通常会在据说是带壳的海鲜比较干净、安全的那几个月吃龙虾。然而，在瑞典，只在八月中的短短几天才有这种口福，因为按惯例，为了保存供应，龙虾的产量是被限制的。如今，瑞典人所吃的龙虾多数都是进口的，很多就来自路易斯安那州，那里的龙虾在准备装运前就按瑞典口味进行了处理——在伴有小茴香和特殊调料的盐水中煮过。

龙虾节有时候也被认为是成长中的儿童的节日，对这个场景极好的描述是：每个人戴着一个可爱的龙虾帽，穿着纸制的龙虾围嘴，坐在长桌旁，唱着祝酒歌，就像一群吵闹的孩子，客人们会贪婪地吃着盐水虾，啜着咸盐水，吃一口黄油面包，对很多外国人来说，能参与这个节日，是个奇特的经历，尤其是对总是在其他社交场合看到那么含蓄的和害羞的瑞典人的外国人来说，龙虾节上，飘香的白兰地和满口啤酒的清冽香味，带出了瑞典人的另一面。

随后而来的一个有点儿类同的节日与另一种海鲜有关：发酵的酸鲱鱼节（surströmming），这道菜气味刺鼻，当人们习惯后才可能会喜欢上它，它在瑞典北部更受欢迎。

要给那些第一次参加龙虾节和酸鲱鱼节的食客们提个醒：别对白兰地和啤酒混喝掉以轻心，龙虾节上喝的一定比吃的多——龙虾再多也不足以抗衡"生命之水"的效果。很多外国人没有意识到这些液体的威力，总想攀比那些瑞典主家的酒量，结果就是昏昏沉沉，到了第二天头还是痛的。最后一个忠告是：瑞典法律严格控制酒驾，预先安排好开车送你回家的人是必需的。

（五）神圣不可侵犯的假期

正如我们所了解的，随着夏日的到来，瑞典人准备好了充分享受这个短暂而美妙的季节，夏季的月份在瑞典是神圣的，天气总是人们永恒的话题，频繁地下雨就像是一位不速之客会让瑞典人惊慌。

在美国，假期常常得你自己去争取，但在瑞典，休假是你的权利。瑞典法律规定每年有五周的假期，多数人休行业假（industrisemestern），即在七月份休假。瑞典的不少商业贸易业务在此时减缓下来了，有些公司甚至彻底关门休假。如果不得不工作的话，人们也总是逮到机会就不去上班，天气暖和的时候，员工们会想办法早早离开单位，周五的下午更是会迫不及待，所以，在夏天，把会议安排在周五下午是极不明智的。

所以，对于外国同仁来说，这段长而慢的时期很难对付，尤其是工作项目正在节骨眼上，要拍板做决定或者会议到了最后期限的时候。更要命的是，欧洲的其他假期也多是在八月份，这让那些在这个时间段与欧洲工商业进行合作的人更为头痛。

时代随着全球化的激增也在产生变化，直接依赖全球经济状况的跨国公司会改变他们的工作习惯和假期安排，但是让瑞典人放弃他们宝贵的假期却非常困难，毕竟，他们必须为那个即将到来的又长又黑的冬季多多储备阳光。

第十章

交流：沉默的声音

"说话为银，沉默是金。"

——瑞典谚语

交流过程中的安静时段通常会让美国人难堪，于是他们得做点儿事回避这种情形，或者找个话题说点儿什么，然而，在瑞典，安静是一种有意义的特质。瑞典人很不喜欢闲聊，觉得没必要说没意义的话，当然，打扰别人说话，那就更糟了。相反，他们认为应该进行有目的的交流，而且在交流的时候非常直率。这是因为，第一，瑞典语是一种很直接的语言，第二，瑞典人不喜欢甜言蜜语，他们愿意一本正经地交谈，并且坚持谈话的真实性，同时，他们也不喜欢冲突，会尽可能地避免与对方争论。

同一个国家里的人即使说的是同一种语言，也会出现文化矛盾，所以理解别人或被外国人理解（即使像在瑞典这样一个多数人都能说流利的英语的国家）都是一个挑战。当他人不能共享我们的交流方式或者无法回应我们交流的努力时，我们就会觉得沮丧，因为交流意味着联系，而这正是与来自不同文化中的人相遇时面对的最大挑战之一。

我们人类的交流主要是通过口头语言（选择哪些词，如何表达所选择的词）、身体语言和行为来实现的。在提到人与人之间的交谈时，瑞典堪称是天生内向者的国度，本章开篇那个古老的瑞典谚语提醒人们："说话为银，沉默是金。"哪怕自认为很不害羞的瑞典人，按照美国的标准也是太过拘谨和缄默了。很多瑞典的知名人物都非常安静，不爱说话，如著名女演员格丽塔·嘉宝（Greta Garbo）、滑雪运动员英格玛·斯腾马克（Ingemar Stenmark）、网球运动员比约尔·博格（Bjorn Borg）和斯蒂芬·艾德伯格（Stefan Edberg），就连瑞典的国歌里也有这么一句"你古老，你自由，你多山的北部；你寂静，你欢乐，你美丽的容颜……"

前面第五章说到，瑞典人的缄默、拘谨和他们的隐私感有关。交谈是邀请别人进入你的世界的一种方式，然而，让别人离自己太近，又会使有些人觉得不舒服，起码在交往之初是这样的，外国人把这种性格特质归结为瑞典人的忧郁感。1990年发表在美国讽刺杂志《窥视》（Spy）上的一篇文章提供了一些自造短语去"帮助"外国的旅行者，有关瑞典的有"随处可见的混凝土"（60年代斯德哥尔摩郊区都是让人沉闷的单调的混凝土建筑）和"娴熟地掩饰你内在的焦虑"（传说中阴冷的瑞典人平静的外表之下掩藏的是情感的风暴）。

但是对于瑞典人如此安静的更合乎情理的解释其实非常简单：他们不愿意"占有太多空间"，另外他们承认自己不喜欢，也无能力闲聊。他们认为闲聊是无心的谈话（kallprat，英文：cold talk）和无生机的谈话（dödprat，英文：dead talk），这些想法让我们对瑞典人害怕在社交场合说话有了一些注解，如果一个瑞典人不能显示出自己的能干（duktig），比如做不到举止恰当、语言娴熟，且看起来不那么傻，那么他们将什么都不说。

在美国，如果不能把话说得很漂亮，就会被教育"什么也别说"；在瑞典，如果没有什么重要的事，不管是积极的还是消极的，就会被教育"什么也别说"。在许多西方国家，沉默经常使人感到紧张，遇到尴尬的停顿场面时，美国人总是插些闲话、笑话或问题以使谈话继续，瑞典人则认为这些无意义的话题太过肤浅甚至无聊，所以，你会发现，你说得越多，他们听得越长，也就变得越安静。

瑞典人坚持认为谈话就应该有它的目的性，尤其是在商业背景下，交谈应该本着"丰富双方对某些事情的信息、解释一些问题的立场或确认一项协议"的原则来进行。

瑞典人很不喜欢闲谈，他们不理解为什么刚刚碰到的那个美国人会问他们私人问题，如结婚了吗，有孩子吗，他们也没猜到，其实美国人有一个装满相片的钱包，正等着别人问他们的家庭呢。

本书的作者之一提供了她的一种咨询实践服务，"教"瑞典人闲聊，她跟他们说："闲聊是要讲究艺术的，你听的时候可以想哪些话题是可以发展的，如你从哪里来，你在哪里上学。这些提问会让两个人找到一些共同的话题，尤其是在来自不同背景的人们之间。"她同时提醒说，闲聊不适合于那些严肃的和有争议的问题，如"为什么美国人会相信死刑"。她也给美国人提了建议："如果一个瑞典人陷入长时间的沉默中，你就做深呼吸，别强迫谈话进行下去，因为他或她可能正在反思刚才所说的话或者在想下一句该说什么呢。"瑞典人遇到刚认识的人时，会觉得问到家庭是相当私人的话题，问问专业或爱好之类才是谈话的好开端，当然，像英国人一样，谈论天气也是可以的。

不过，凡事都有相对性，比起芬兰人来说，瑞典人就显得非常合群了，就算是在瑞典国土内部也是有很大的地区差异的，越往瑞典北部走，遇到的人就越拘谨、沉默。一个瑞典北部啤酒品牌的主页上，用"交流的简单经验法则"来调侃了这种典型的北方人性格——但它似乎全瑞典通用哟！

1. 别闲聊[①]，你不必通过闲谈打发时间。
2. 别吹嘘。
3. 别拍马屁。
4. 别大喊大叫。
5. 放轻松。

相当内向的美国人都会发现自己在他的瑞典同事眼中都算是外向的了，事实上，有时候瑞典人似乎更希望美国人或者来自其他爱热闹的文化中的人们能带个头，以打破社交场合中的冷场，这让那些正好有点儿害羞的美国人不安。"只要公司出了事，瑞典的

---

① 瑞典原文为 Kallprata inte，意指人们应该说重要的事，而不是对小事叽叽喳喳。Kallprata 带有轻蔑的意思。——来自瑞典学者 Ingemar Ottosson，译者注

同事就一直看着我，像是在期待着我做点儿什么。"一位美国妇女说，而具有讽刺意味的是，她是瑞典国籍，并且自认为非常沉静，不爱说话。

（一）沉默是金

外国人觉得这些骨子里就非常安静的瑞典人有些乏味，有些冷淡，甚至无礼，其实，瑞典人的沉默并不是这些意思，尽管有时确实很难猜透他们如此安静的举止到底意味着什么。作家赫尔曼·林韦斯特（Herman Lindqvist）[1]在国外生活了很多年后，重返瑞典时写道："在瑞典的第一个早晨就有了这种体会。我在一家酒店吃早餐，坐了20个人的餐厅里极其安静，只能听见嚼麦片的声音，没有人说话，没有人看别人，只有咀嚼的声音，还有翻晨报的沙沙声。我明白了，在瑞典，距离不仅仅表现在车与车之间，房与房之间，在这片回避目光又非常沉默的土壤上，人与人之间也很疏远。"

问及之所以会这样的原因，瑞典人会说，沉默不是不友好，而是考虑到了别人的隐私和是否舒服——因为没有人希望自己的早餐被毫无意义而又分神的谈话干扰，这体现了瑞典人喜欢独行或独处的愿望，除非你被邀请，否则别打扰其他人。然而，对外国人来说，这种沉默让他们不安。

外国人有时也会认为沉默就等于默许，但其实并非如此，一位

---

[1]　1943年4月1日出生在斯德哥尔摩，瑞典记者，服务过多个国家的通讯社，创作了很多介绍瑞典历史的通俗读物。——译自网络，译者注

美国通信公司的主任回忆起她第一次参加一个瑞典公司的会议时就深有感触。这个公司收购了她的公司，她向大家汇报公司新入职的雇员们的情况，那些瑞典经理们都静静地听着，时不时点点头，她以为他们同意了自己的结论，但事实是，那不过是他们的礼貌。"我以为他们点头，意思就是'对，我同意'，而实际只是'噢，我知道了'。"（这一点，瑞典人很像日本人，这两个民族在某些文化性格上有点儿像）。为了明白瑞典人到底是怎么想的以鼓动他们也参与进来，这位美国通信主任不得不开始提问，"直接问'你们认为我们得这么干吗？'然后，瑞典人才会给你反应，所以，除非你主动问，否则别指望他们给你需要的反馈"。

同样，她还发现，她给斯堪的纳维亚地区的经理们发的电子邮件都没有回音，网络似乎就是一个黑洞，把信息全吸走了，后来，她才明白，是她的提问方式有问题。

瑞典人总是用非常直接的方式提出要求，至少他们是这么认为的，即使那些看似不直接的要求，其实也有着明确的意思，如"我们需要在周五前做完这件事"，意思就是"周五前做完它"；"我想我们可以在明天下午收到这封信"，意思就是"明天把信寄到"。瑞典人觉得这样的表达，让所提的要求显得礼貌、确定、清晰，因为有一个明确的时间，而且，你要懂得，这是一个严格的时间限制。如果你无法完成所提的要求，那就别答应，更别指望着在最后期限到来时再找个推迟的理由；如果你觉得完不成这个任务，最好直说。与美国人共事的瑞典人总抱怨美国人爱许诺但又办不到，商界中的美国人习惯于凡事用100%的把握来回应，因为把握小可能说明办事能力差，因此，他们很难说"不，我做不到"或

"我不确定到那个时候一定能完成"，而这些正是瑞典人想听到的。当然，瑞典人也要理解，美国人这么做并不是不诚信，而是想回避不舒服的情境。

所以，如果你想让瑞典人做什么事，一定要说得非常具体，别说"尽可能"这样的虚话，如果你说出具体的日子和时间，他们就一定会按你的要求完成，不找任何理由。那位美国通信公司主任后来就发现，只要她要求瑞典人在某个时间段回答她的问题，瑞典同事们都会非常及时地答复她，要么是在最后期限时，要么是在那之前。

至于不及时回信的现象，可能的解释是：用外语写一封信挺不容易的。不少人觉得既要用外语阅读又要用外语回信，其实是件困难的事，所以很可能就拖延了。再说一遍，这常常是因为瑞典人不能确定怎样才能"把它做对"而致，如果地址不对，结束语不合适或语法错误了怎么办？这些顾虑足以让一个瑞典人将你的信压在最下面或者等你再给他发一封信。

幸运的事，有了email，情况好多了。首先，瑞典人号称是世界上最"网络"的人，而且习惯使用高科技；其次，email的规则更随意，不容易让人感到焦虑。像其他通信形式一样，瑞典人的email也非常简捷。另一个途径是传真，要求对方在传真上标明意见和批准与否，然后再传回来就行了，这个手段也减少了写正规书信的必要。

（二）非言语交流

瑞典女性在交流和表达方面似乎不像男性那样困难，至少在程度上不像他们那么严重，可能是因为在西方文化中，妇女们更能自由地表达自己的情感，更能随意地与外人接触吧（尽管与美国妇女比起来，瑞典妇女还是笑得少些）。

通常，瑞典人的非言语线索——如身体语言和空间关系（个人空间的需要）——有些像北美和澳大利亚人，他们在听和说的时候会直视着交谈对象，与熟人或陌生人说话时，总是保持二到四英尺的距离，并且不会去触摸对方。当然，还有其他的非言语举止，很多瑞典人在听人说话时保持一种很"封闭"的——带点儿威胁意味的姿势：双臂抱在胸前，背部僵硬，他们认为这样就证明了他们听得认真，但这个姿势并不有利于开放或舒适的交流，同样，他们也相信直接和长时间的目光直视显得注意力集中。现在想象一下，一个美国演讲者，面对瑞典人这一片冷峻的面孔会做出什么样的反应？很可能是不知所措，甚至做出很多错误的假设——听众没听懂？听众厌倦了？抑或听众们赞同自己？——其实，所有这些身体表现，都只是瑞典人在表示对发言者的尊重。

我们可能会遇到这种场景：在一场报告结束时，报告人会留出一点儿时间等听众提问。此时，如果无人提问，冷场了，那些非瑞典籍的报告人会觉得难堪、郁闷，不过，报告结束后，却会有不少听众找报告人私下提问，这就是瑞典人，他们不愿意显眼，傻乎乎地让自己显现出来；不同的是，美国人会毫不犹豫地在众人面前表达自己的观点，抓住这个秀自己的大好机会。由于小心谨慎，瑞典人不仅怕自己在众人面前出丑，也觉得打断别人是不礼貌的，尤其是在需要纠正另一个人的讲话时（这种情况下，瑞典人更愿意在会后与对方单独交换意见），所以，如果你打算在报告的最后留个提问时间，聪明的办法是在听众中安排一个人率先提问，然后才可能破冰。

跟美国人相比，瑞典人很少面带微笑走路。对他们来说，没有充分理由的微笑是很傻的，他们认为笑容太多的人是肤浅或缺乏自控的。很多瑞典人，尤其是瑞典男人，并不把他们的情感泄露在脸上——尽管一张镇静的、严肃的脸，配上长时间的沉默，会给人留下愤怒、不高兴、不友好甚至傲慢的错误印象。[①]本书的一位作者经常给在美国的瑞典人建议，让他们多一点儿笑容——这不是鼓励他们犯傻，而是让他们意识到这样做会让美国人更舒服。

（三）直言不讳

与瑞典人的沉默相反的是他们的直率。如果你有事征求瑞典人的意见，他基本上都会毫不犹豫地说给你听，他若不赞同你，也会直接说，不像其他国家的人，先有一个礼貌的前奏，如"我明白你，但是……"或"这真是个有趣的点子，然而……"可惜的是，瑞典式的直率会被美国人，尤其是美国妇女认为是无礼的，因为女人们总被教育成说"好"才是礼貌的，或尽量减少不同意见。

虽然这是瑞典人的特性，但是，一位住在美国的瑞典科学家说，在美国，你要是按照这种瑞典模式说话，那就冒了"表现为一名政治家"的风险了。他承认，一开始他总是直接反驳同事们的不同意见，结果大家都认为他太傲慢了，后来，他的美国老板把他叫到一

---

① 也许，这一点在政治世界里表现得最明显。美国政治家会表现出非常友好和亲热，而瑞典政治家不太可能有同样的热情大笑或手舞足蹈，如果真那样做了，会被人认为有些勉强和虚伪；相反，瑞典人更可能表现出冷峻和严肃的模样，因为这有可能被理解为智慧，当然，依不同的观点，还可能是傲慢或者迟钝。——作者注

边，说他这种交流方式太得罪人，因为他太直率了，尽管并不是他的本意，但同事们还是认为他的批评是针对个人的。其实，多数瑞典人并不愿意指责别人——除非政治家、政府官员或大公司里"付得起高薪水"的老板们。

瑞典人的直率可以部分地追究到语言风格上。瑞典语本身是一种"强势的"语言，没有多少礼貌修饰，比如，它有很多种"谢谢"的表达方式，却没有一个单独的词说"请"（这种不寻常的比率确实反映了瑞典人性格的重要方面：不想给别人添麻烦，但又特别重视向别人表达感激）。对于外国人来说，没有礼貌的寒暄和开场白，只是提出个请求，怎么说都显得过于简洁了，记住，掌握一门外语的细微差别，以及知道自己什么时候会碰见这些简短或生硬的语言，其实是件困难的事。

因为坦率，瑞典人也总是只理解别人言谈中明确的表面含义，因此会产生误解。美国的一家公司被瑞典的一个电信公司收购后，派了一位工作人员参观瑞典公司总部，这位美国人觉得在这儿呆得很不愉快。这让瑞典经理们费解，原因是在他到瑞典的两周里，从来没提出过任何问题，临走的时候也没提出来。然而很明显，他并不开心，他跟同事说，他觉得瑞典东道主根本不把他当回事，听到这些话，瑞典人觉得很冤枉，他们说他们问过这位美国同行，是否想在工作之外聚一聚，而他回答说自己"挺好的"。瑞典人只从字面上理解他的话，就没有坚持，因为他们以为他想独处或者有其他安排；而这位美国人则希望瑞典人能再坚持邀请他，他最初的反应只不过是一种美国式的礼貌：不想表现得太风光，但很明显他期望如此。

这种情形显得美国人不那么坦率，瑞典人不那么友好，他们用着各自的交流礼仪，于是很难准确解读对方的信息。一位瑞典人听说了美国人的不高兴后这么说："如果他说'我很好，但是如果有什么要做的，我很高兴和大家一起做'，那结果就完全不同了。"

反过来，许多刚到美国的瑞典人也觉得感情被伤害了，至少是有些糊涂的，因为当美国人说"你怎么样"或"有空一起吃午饭吧"时，瑞典人（还有其他外国人）会从字面理解这些话，所以，他们会如实回答第一个问题，而对第二个问题，他们会等待邀请（或自己邀请）。如果他们回答说自己感冒了，对方只是瞪着眼睛看着他，或者自己从来没有得到一起吃饭的邀请，瑞典人就会认为美国人言不由衷或肤浅。他们不明白，这些表达，在美国通常仅仅是为了显示友好，而瑞典人只是不习惯说事情都挺好的（即使他们是真的很好）。

（四）回避冲突

尽管瑞典人坚持做人要诚实，但他们通常并不喜欢激烈的对抗，在可能的情况下，他们会尽力回避冲突，他们认为激烈的情绪是缺乏控制或不成熟的表现，如果遇到这种情况，他们会转而沉默，或到另一个房间去。所以，瑞典人要是不赞同你的话，更可能是走开，而不是争论。大声喊叫——尤其是在商业情境下——并不仅仅是不lagom（适度）的表现。

瑞典管理专家莉娜·赞德（Lena Zander）指出，瑞典人回避冲突的倾向也是他们追崇理性的一个体现，"瑞典人坚信冲突是低效率的，它不是促进，而是妨碍事情的发展"。（Zander，1998：4）在那些对公开表达情感可以接受的文化里，人们通常可以很大声地交谈，但对瑞典人来说，提高嗓门不仅意味着一个人不能控制情绪，还说明他只不过是用声音来代替其观点的逻辑与理性罢了。

《瑞典日报》(Svenska Dagbladet)记录了这样一件事：一群意大利移民回忆他们二战后作为访问者第一次到达瑞典的印象。这些意大利人是由一位会说意大利语的瑞典人陪同着的，他听见了这些意大利人在列车餐厅里的大嗓门，于是找了一个合适的机会，以极谨慎和谦卑的语气对他们说："因为在国外住过很多年，我了解你们的国家和你们的性格，但我想请你们给我权利让我说一些善意的建议：这里还有些瑞典游客想进来吃饭，但他们听到这么吵，就会犹豫地不敢进来，因为他们以为里面在吵架。"意大利人这才意识到他们到了一个不同于自己国度的国家：他们喧闹，而瑞典人安静。因此，他们相信，肯定还有很多其他不同。

不过，在有些场合，瑞典人也并不会保持安静，比如，一两杯酒下肚后，或者有一大群人的时候，抑或在人群中喝酒的时候，他们的嗓门也会变大。正如我们在第三章"四个S"中讨论过的，酒精确实发挥了社会润滑剂的作用，让人们放下戒备与矜持。日本人也是这样的，在喝了酒后，他们会说出平时在工作场所中不敢表达的意见。所以，你会看到，那位整整一个上午专心听报告且一言不发的瑞典人，此时正豪放地大声讲着一个老掉牙的笑话，而且还可能邀请并不认识的女性当舞伴——这些事他也做得相当娴熟，足以让你大跌眼镜。更让你吃惊的是，在他开始聊天时身体语言的变化：他的胳膊不再抱在胸前了，他在微笑！他变成了一位迷人的宴会伙伴！这就是"内在的瑞典人"（Inner Swede），最终从适度现象（Lagom）和自谦法则（Jantelagen）的限制中解脱出来，从对失礼的尴尬的担忧中释放出来的瑞典人！

同样，足球或曲棍球迷们也并不会因把脸涂成蓝黄色和狂叫而不安——当他们真的那样做的时候——就像一群疯狂的美国球迷，然而，单个瑞典人，除非是被朋友们耍花招恶作剧了，否则，绝不可能表演这些单人秀的。

（五）说自己的语言

多数瑞典人的英语都讲得不错，这要归功于学校教育和英语的娱乐节目（与法国和德国等只给外国电视或电影配音的国家不同，斯堪的纳维亚国家的电视台不仅出配音，还会配字幕）。即便这样，英语当然也仍是外语，长时间说外语自然会让人脑子很累，因此，即使是在一场非瑞典语的讲座或会议上，瑞典人也更可能使用瑞典语进行交流。

在一家瑞典大通信公司工作的美国总经理说，他的瑞典同事们只与瑞典人交往，这是全公司都知道的"瑞典秘密党"，许多美国和外国同事都受不了这种分离主义，他们感觉沮丧或恐怖，觉得自己被排除在外，并确信瑞典人总在议论他们。然而，瑞典人并不是故意用说瑞典语来排外的，只是因为他们之间说自己的语言更自然，这样做可以迅速而有效地交换信息，尤其是如果他们觉得自己正讨论的话题别人可能没有兴趣的时候；对于这样做可能是对别人的一种冒犯，他们很惊讶，也很不能理解，况且，即便是瑞典人之间的交谈，也不总是会加入其他瑞典同胞的。有过这样一个情景，一位生活在美国的瑞典妇女与她的瑞典朋友一起吃饭，朋友的同事过来打招呼，两同事间说起了工作中的事，完全把她晾在一边，她的朋友甚至都没有介绍她，由于已经在美国生活了很多年，此时的她就觉得有点儿不舒服了——多数美国人至少会例行公事地介绍一下外人，但是在这种情景下，她的瑞典同胞认为他们谈的是纯工作事务，她不一定有兴趣，根本不必介入。这也可以证明瑞典人把工作和私人生活分得很开。

还有，不少瑞典人觉得主动上前向别人介绍自己并不是件容易的事，像我们多数人一样，他们习惯于与熟人说话，在一个社交场合只跟同一个人交谈，而且，正如我们已经注意到的，他们可以很轻松地给在场的其他人介绍加入会谈的人。有一个美国人做了一个现场实验：在一次社交活动中，人为地打破瑞典人在整个聚会之夜都待在"安全"的地方的习惯，他进行了一个特殊安排：让宾馆经理将房间里的所有椅子都搬走，他解释说，没有了椅子，瑞典人就很难整个晚上都"钉"在一个地方，他希望这样可以逼着瑞典人与更多的人交谈——后来证明，他的目的达到了。

在不同的文化之间，幽默的语言很难被翻译得非常贴切，瑞典人很不理解美国人那爱讽刺的嗜好；相比美国人，瑞典人并不喜欢逗趣、开玩笑，尤其是拿他人开玩笑，这会让人觉得小气，也会令对方不快。一位美国人说他的瑞典妻子很不喜欢如"偷拍"（Candid Camera）这样的电视节目，因为它们总是让人们尴尬。瑞典人的幽默感相当贫乏，讲笑话时也是一张毫无表情的脸，因此，不少外国人都认为瑞典人根本就没有幽默细胞。但是，对于自认为有很多饭局，而且聚会时也是热闹得足以掀翻房顶的瑞典人来说，这样的评价令他们很不满。

（六）培养社交能力

一位瑞典自由记者说过："瑞典社会正在努力变得更外向、更开放，因为瑞典人突然意识到这是一种在全球经济发展中极有价值的性格。"他指出，越来越多的瑞典企业在招聘员工时不仅看其专业水平，还看他的社交能力，即与他人很好相处和交流的能力。

培养社交技能的运动也是瑞典作为欧盟一员，对需要增加国际能见度的一种回应，瑞典的电视节目已经公开批评了瑞典政治家在国际会议上无法用英语很好地表达自己，以及他们在镜头前面孔僵硬的形象。

瑞典人自认为是务实的，所以即使是在交流风格等需要内省的领域，如果出现了问题，他们也会理性而系统地解决它。我们知道，瑞典人崇尚教育，又积极参加各种组织协会，包括如主持人或酒会致辞者（toastmasters）这样的团体，这些可以帮助他们训练自己用英语和瑞典语在公共场合讲话的能力（爱立信和沃尔沃的员工已经有了这样的分会）。

可以这么说，瑞典人就好比一瓶番茄酱，你拍呀拍呀，酱汁就是不流出来，然后，当他觉得挺舒服了的时候，就突然一泻而出。当你与一位瑞典人单独交谈时，要耐着性子，只要不着急，缓缓地把握住节奏，就一定会认识到一位非常愿意与你交谈的"内在的瑞典人"。

第十一章

礼仪：简说瑞典习俗

　　瑞典，斯德哥尔摩。伴随着麦当劳向瑞典更北部地区进行市场开拓的工作，应该向吃汉堡的顾客提供餐刀和叉子的要求让管理者们很纠结。因为自从1987年至1991年间，麦当劳在瑞典北部开了几家经销店开始，虽然经营者们从没有提供这些器具，但当地的习俗一直有这样的要求。

　　"我们有自己严格而严密的经营理念，但是现在越来越多地听到了顾客这样的需求。"一位瑞典麦当劳的经理在接受瑞典新闻机构TT采访时说。

　　1991年，这几家麦当劳经销店关门了，取而代之的是Max AB连锁店，他们是提供刀叉的。"当然，并不是刀叉决定了我们之间竞争的结局，但是对许多消费者来说，这有很大的不同。"Max市场部经理告诉TT。

　　——《联合新闻》（Associated Press）1997年11月17日

　　当人们讨论某个文化中要注意哪些风险因素时，风俗是最难琢磨的。在一种文化中被认为是很有礼貌的行为，在另一种文化中可能就完全不能被接受，而且常常是在发生了不好的事端后，人们才知晓其间的差异。外国人总是很惊讶，同样都是回避名衔的低调的瑞典人，有的会因客人不准时到访而不高兴，有的竟然会因对方第一次拜访时空手而来而不舒服。另外，在瑞典，还有一个神秘莫测的鞋的规矩……

　　我们有必要弄清楚瑞典人所谓的礼貌与不礼貌的区别，尤其是对那些随便惯了的美国人来说，必须了解这个国家的文化在近些年来有哪些社会历史变化。当今的瑞典比起50年前已经相当地"不拘礼节"了，那个时候，人们不仅忌讳称呼对方的名字，甚至不直接称呼他或她为"你"，如同法语、西班牙语和德语一样，瑞典语有轻松随意的"你"，也有含有敬意的正式的"您"。由于涉及人们之间的熟悉度和关系的远近，有可能会让对方感到不安，所以，二战前，为了不让别人觉得不快，人们之间的交流就尽可能不用"你"或"您"，取而代之的是很长的称谓，即用第三人称称呼彼此，比如"请问安德森医生（或医生）想要喝咖啡吗"、"如果这件事对奥尔森女士不太麻烦的话"。

如今，差不多每个人都用随意的代词du代表"你"，在瑞典人之间用正式的ni，即"您"，可能被有些人理解为有所冒犯，因为它暗示着两人之间的关系是有距离的，甚或太屈尊了（别担心，学着讲瑞典语的外国人有所失言的话，通常都会被原谅）；见面时，无论男女，多数成年人都会跟你握握手，同时报出自己的姓和名来，他们希望别人用名来称呼自己；瑞典人很少用头衔，哪怕是很礼貌的"先生"、"女士"等词语都不太用，而这些词，在美国非常常用，在其他欧洲国家，如德国和法国，也是必不可少的。美国人听到别人称呼自己的名字会感觉很舒服，因为这说明两人间熟稔或亲密，但是请注意别被骗了，瑞典人用名字彼此称呼，仅仅反映出他们的平等主义，而非两人间的关系很近、很好。

听到一个小孩子直呼成年人的大名，总是会让人觉得不那么恭敬，多数美国人在长大的过程中被教育要称呼成人为"先生"或"女士"，除非还有别的特殊称谓；而瑞典学生甚至对他们的老师也只称呼名字，只有非常年长的亲属才被冠以"阿姨"或"叔叔"的称呼，但是，就是这些，现在也正在消失。

美国孩子被要求多说"请"和"谢谢"等礼貌用语，但是，正如前面提到的，瑞典语有很多种关于"谢谢"的表达，却没有一个与"请"完全对等的词，所以，瑞典人会用诸如"如果那样……就好了"或仅仅是"tack"（谢谢你）来表达一个请求，如"关上门，谢谢"。因此，当瑞典人说英语时，"请"这个词可能并不会自动地出现在他们的脑海中，所以，在与外国人用英语交流时，瑞典人可能就是简简单单地说一句"关上门"这种像命令一样的请求，在美国人的耳中总是显得有些粗鲁无礼。

（一）　鞋的规矩

似乎，每个国家都有自己特殊的礼仪规则。即使你到瑞典前什么都不清楚，也一定要知道"鞋的规矩"。戴维·柯尔（David Curle），这位在斯德哥尔摩生活了几年的美国作家兼IT专家说，他认为瑞典最令人迷惑的日常礼节就是：进别人家时，脱还是不脱鞋子。

在他的名为"文化冲击"（kulturchock）的瑞典语——美国语双语网站上，他半开玩笑地以一位礼仪教授的身份回答了一些瑞典礼节和礼仪的问题，话题就是从鞋子开始的。对瑞典人来说，进自己家或到别人家，脱鞋是个惯例，但是惯例并不代表是必需的。

对那些想开始瑞典之旅进而被瑞典社会接受的人们来说，礼仪教授提供的第一个最可能给他人留下好印象的建议就是注意鞋的规矩。鞋的规矩很简单，柯尔调侃地下结论说："别穿着鞋进别人家，永远别。当然，除非其他人也都穿着鞋。"

我们很容易就可以想明白这种做法的起源，在瑞典人看来，进屋脱掉鞋很有必要：它能保持地板和地毯的干净，尤其是在潮湿的冬季，当然，这也不表明瑞典人总是穿着袜子在房间里走来走去，很多人在脱掉鞋后，会在家里换上一双方便的"房内鞋"以防滑。对务实的瑞典人来说，这种做法理所应当，所以他们实在无法理解那些不脱鞋就进屋的国家的人们到底是怎么想的。

滑稽的是，即使是瑞典人自己也不能解释和预测什么时候、什么地方、什么原因，鞋的规矩就会被打破。柯尔说了一段他的经历，一次他被邀请去斯德哥尔摩的同事家，同时被邀请的还有几位同事以及公司的客户，他看见每个人都穿得挺得体，"但是，大约五分钟后，我才发现所有这些衣冠楚楚者脚下都没有鞋子"。他红着脸尴尬地低头看看自己脚上的休闲鞋，找了个借口进了卫生间。"我偷偷地跑到大厅脱掉了鞋，那儿整齐地摆着一排鞋子，其实我早应该看到的。"可是，一年后，同一个地点，许多同样的人参加的聚会，只是没有上次那么正式了，他在门口向主人打过招呼后，很娴熟地脱掉了他的休闲鞋，进了屋，与笑盈盈的同事们一一打招呼，但是他马上就感到了诡异：房间里的每个人都穿着鞋，除了他。

"你要问一个瑞典人，什么时候该穿鞋，什么时候该脱鞋，他会满脸疑惑地看着你，好像你在问他怎么呼吸或者为什么要喝水一样。"柯尔说："他不知道为什么，但他就是这么做了，对我们这些没出生在瑞典，但又生活在天生就有鞋感的瑞典人中间的老外来说，唯一的资源就是：看别人怎么做，我们就怎么做。"

那么，柯尔有什么建议吗？当然，他的建议就是："眼睛看着你的东道主，握着他的手，同时瞄一下大家的脚，在没有确保你的脚和其他人的状态一样以前，别走进人家的客厅。"

（二）　社交场合的管理

"鞋的规矩"只是进入这个国家的社交场合的新人容易犯的错误之一，瑞典人对待聚餐也是非常认真的，对于含蓄的瑞典人来说，邀请外人到家里吃饭算是迈出的很重要的一步，他们常常会花费很长时间做准备，确保食品是美味的，饮品是合适的，活动是有趣的。在瑞典，准时是一种美德，参与娱乐活动时，就不该出现"社交式迟到"①这样的事，美国人会嘲笑瑞典人宁愿下午6点55分还在街道上逡巡也要等到7点整才去按门铃这样的情况，但是，在瑞典人看来，说下午7点就下午7点，这才是准时，早到了会让主人不方便，晚到的人则会惭愧地发现，聚会已经按时开始，根本不会有人等着他们。同样，在单位的会议上迟到，你也最好有一个好的理由，让别人等你不仅不说明你是个权威，而且还可能搬起石头砸自己的脚——因为没有人可以不买和不用手表。

但是，瑞典有个有趣的例外，那就是"大学一刻钟"（akademisk kvart）：即正式上课的时间通常比课表所列的时间晚15分钟，这个传统始于乌普萨拉大学，而且一直持续下来了，很多大学也是这样，似乎成了一个不成文的规则。为什么会这样？那是因为，几百年前的学生都没有手表，只有教堂的钟声提醒着学生们上课的时间，学生们赶到教室时，通常就是15分钟后了。今天，商人们会嘲笑那些在工作中迟到的人用的是"大学一刻钟"，但

---

①　英语是 Fashionably Late，即因为是大腕，就最后出现。

是，提醒一下，15分钟之后，晚来的人最好给自己的迟到找一个合适的解释。

还有一个风俗，就是第一次到别人家做客（假如间隔很长时间再访的话，第二次也适用），给女主人或男主人送一个小小的礼物，如一盒巧克力、一棵小植物或花是很必要的，这在年轻人的交往中更普遍（顺便说一句，在瑞典，正确的方式是捧一束花，但不要有包装纸，不过，透明纸可以有）。

另一个让外国人常犯的错误就是穿着。瑞典人的着装习俗与美国流行的完全相反，在最近出现的"商务休闲装"（business casual）之前，美国人在工作场合是着正装的，工作之外的社交场合则着装朴素。瑞典人呢？除了在那些比较严肃的公司，如银行等外，则正好相反，他们在工作场合穿得非常随便。早在美国职员们流行穿便装上班之前，瑞典人在工作场所就已经是这样着装的了：脚穿短袜、趿着拖鞋，身穿牛仔服和短袖衬衣，而且，看起来极不搭。但是，被邀请到别人家吃饭时，他们却总是盛装出席，穿着正式的夹克衫或新款衬衣。

即使是那些应该非常清楚这些差异的瑞典人都很难冲破这个习俗。为了庆祝1998年7月4日的美国国庆节，新任美国驻瑞典大使决定和瑞典人分享从德克萨斯老家带来的美味，他要用正宗的德克萨斯烤肉来招待客人，邀请信上写明了"着休闲装"，但是这并没有阻止几位瑞典绅士——包括瑞典外交部的礼宾司大臣——穿着衬衣打着领带就来了，而这位美国大使则只是穿着他的短袜、马球上衣和宽松裤。

所以，为保险起见，当你赴瑞典人的聚会时，穿着正式总比不正式更安全些，除非是在夏季去他们的度假房或出海游玩。

（三）敬酒的规则

敬酒是瑞典最古老的习俗之一，从正式的宴会到简单的朋友小聚，似乎每一个夜晚都包括敬酒。事实上，标准的礼仪是在主人没有致欢迎的祝酒词前，你不要去碰那些饮品。在瑞典喝酒时，你要举起杯子，眼睛看着桌上的其他人，轻轻地点头，说"干杯"，然后小抿一口，随后，再举一下杯子，再扫一圈其他人，才能把杯子放下。可别像美国人那样，把杯子弄得叮当作响，那不是瑞典的风格，其他人会因你的笨拙和鲁莽弄出的响声而不舒服。

在那些典型的晚宴上，尊贵的客人应该坐在女主人（如果没有女主人的话，就是男主人）的左边，这个位置上的人是有一种特别权利的，就是他或她要发表风趣、智慧而又充满希望的讲话，你得说几句话——用瑞典语就是hålla tal（演讲）——但是别为发表这些郑重其事的讲话而担心，你只需要站起来，代表你们的公司或者其他客人向主人邀请你们来参加这个聚会表达感谢，随后，举起杯子先向主人们，再向其他客人们示意干杯。

我们再来解释一下坐座位的传统习惯吧。一般而言，除了刚刚订婚，夫妻俩是不坐在一起的；餐桌上，鼓励客人间混着坐，同伴们要分开，尽可能与其他人坐在一起；饭菜上来后，男士们要把同来的女士护送到她们的座位上。还有，在餐后的舞会上，当一位瑞典男士邀请一位已婚女士时，不要感到惊讶，这不仅完全可以接受，而且还被认为是有礼貌和友善的。

一旦坐定，按照欧洲的方式，左手拿叉，右手拿刀，欧洲人跟美国人接触多了才知道拿刀叉的方式可以不一样，一些上年纪的瑞典人仍然认为右手拿叉是不伦不类的。就像有些碑文记录的，在瑞典的一些地区，不拿刀叉吃饭，哪怕是吃汉堡和比萨时不用刀叉，都被视为很不礼貌。

吃完饭后，在离开饭桌之前须向男、女主人表达感谢，在其他文化中，说"感谢你的食物"，可能有些奇怪或生硬，但在瑞典这就是修养。同样，这次聚餐过后，还应向主人们表达感谢，打电话或者下次见面时致谢，都可以。

（四）留多点儿时间喝咖啡

瑞典人咖啡的消耗量是世界上首屈一指的，饮料在他们的社交活动中扮演着重要角色，见面喝杯咖啡是他们传统的社交礼节，瑞典人第一次约请外国人常常就是喝咖啡。到瑞典访问，你有无数机会被招待喝咖啡，但并不一定是在饭后，美国人的习惯是将喝咖啡与吃饭混在一起，这通常会让斯堪的纳维亚人有点儿混乱。

当瑞典还是一个家族社会时，男人们常常在吃完饭后（瑞典人现在仍然会饭后喝咖啡，但是在公司等场所，饭后或不吃饭时间都可能会喝咖啡）聚在一起来杯kaffekask①——一杯本已很浓的咖啡，再加些辅料，就更浓烈了。如今，一个正式的宴会之后，通常都

---

① 是一种加了酒精的咖啡。一般的做法是，在杯底放一枚硬币，然后把咖啡倒进去，直到看不见硬币。然后再加入松子酒，直到硬币又露出来，重复这个过程，直到杯子盛满。——译自网络 http://en.wiktionary.org/wiki/kaffekask，译者注

有咖啡、白兰地或其他饮料，许多瑞典的公司都有fika（喝咖啡时间）①，或者在下午三点时有个咖啡茶歇时间，有的公司在上午9点半或10点时也有。这段时间像个重要的社交聚会，大家在一起谈谈工作上的事，管理者和下属们也会坐在一起，喝着咖啡，吃着点心，不出席的人会被认为不够礼貌。

一位在瑞典南部的一家小公司工作的美国人觉得自己很难适应午后的咖啡"礼节"时间，而且她并不喜欢喝咖啡，但是，她的瑞典同事们会在下午三点的时候准时叫她的名字，拉着她离开办公桌，她说："由于我自己带了茶叶包，他们还笑话我呢。"

过生日也是办公室同事们喝咖啡的一个理由。有趣的是，在瑞典，谁过生日谁自带生日蛋糕，通常要带公主蛋糕（prinsesstårta），这是一种由香草、山莓构成，上面还裹满了绿色杏仁蛋白软糖的多层的奇妙甜食，吃起来的味道比它的名字还要好。

也许是由于酒价过高的缘故，瑞典人更愿意坐在小咖啡馆里，而不是去酒吧消遣，请到家里做客的人喝杯咖啡也是个传统。许多瑞典人家除了冰箱，还有一个冰柜，里面是自制的黄棕色甜圈或饼干，这些点心能快速解冻，以备那些突然造访的客人。瑞典的一个著名的咖啡牌子中耶瓦利亚（Gevalia）②，它的广告就高调地宣称自己品牌的高质量是对那些"不速之客"最完美的招待。

---

① Fika, 在瑞典语中既是名词也是动词，基本意思就是"喝咖啡"，通常还要吃一些甜品。——译自网络 http://en.wikipedia.org/wiki/Fika_(coffee_break)，译者注
② 出产于瑞典中东部城市耶夫勒（Gävle），是斯堪的纳维亚半岛上最大也是最著名的咖啡，在北欧以及美国市场上，此咖啡属于价格昂贵的超优质品牌，并且多年来始终向瑞典王室提供着它特有的专供咖啡。——编自网络，译者注

像其他欧洲人一样，深厚的咖啡文化使得瑞典人自认为他们是咖啡的鉴赏家，许多到美国的瑞典访客都用悲伤的语调评价美国咖啡："这哪里是咖啡啊！这简直就是一杯脏水呀！"一个瑞典人指着杯子说："看看，看看，我完全能看见杯子底呀！"幸运的是，现在发生在美国的咖啡屋变革，已经使不少瑞典人觉得美国咖啡还是值得一喝的，但是如果你发现在美国的瑞典公司只从本国进口咖啡来喝，请千万别奇怪。

（五）光盘人群

美国人有个习惯，就是剩菜剩饭要打包带回家，但是在瑞典，除非是在一些比萨店，否则你看不到这种现象，这绝不是什么规范，也不是什么大问题，因为瑞典餐厅提供的食物量通常要比在美国少很多，可惜，最近几年来，一些饭店在向美国看齐，菜量有越来越大的趋势，不再是lagom（刚刚好）了。

然而，你只要亲历过一次著名的瑞典式自助餐，就有理由藐视lagom的观念了。别以为瑞典的自助餐（smorgasbord）像美国的自助餐（buffet）那样，可以随意取，把食物在盘子里堆得跟小山似的，这可不行。瑞典的自助餐怎么吃是有规矩的，菜单都写出了明细，这里简单地说明一下：取食要从冷海鲜开始，如腌鲱鱼等；吃完这一系列，再换一个干净的新盘子，去取其他凉菜；吃热菜的时候也是这个程序，传统的热菜有肉丸和"詹森的诱惑"(Jansson's Temptation)——一种由土豆、奶油、洋葱和凤尾鱼做成的砂锅菜，此菜被许多人认为是国菜；最后，吃甜点、喝咖啡，宴会才告结束。

　　记住，吃多少装多少，别贪心。吃完的时候，盘子里如果还有食物，就是失礼了。

第十二章

在瑞典做生意：竞争与一致

一致并不是简单地指同意，而是意味着每个人都由衷地赞同你的决定。

——一位工作在美国的瑞典公司主席如是说

　　在瑞典和在美国做生意的不同大致可以从以下四个方面体现：竞争、决策、公司结构和沟通。由于个体间的竞争在瑞典是有消极含义的，而达成一致在美国也并不总是占有优先权，所以在瑞典人与美国人共同工作的单位里，就会有潜在的误会；在制定计划的风格方面，瑞典与美国人也非常不同，美国人会比那些谨慎的瑞典人更快地采取行动；这些特点也导致了瑞典扁平化管理结构的发展和信息交流的模式。这些差异对美国人是个挑战，让他们很难适应，正如瑞典人无法背离它们一样。

　　如果模仿是恭维最忠实的形式，那么瑞典人可以感到他们的商业管理风格的许多方面正在被很多国家效仿着，包括美国在内。美国的项目管理理论现在就强调要用更长的时间进行计划，以及要重视团队建设，当然，与此同时，美国模式也让瑞典管理实践领域受益，瑞典人应该会发现，如果他们决策的过程更灵活和更快的话，在今天这个竞争激烈的全球经济条件下，他们将更加成功。

人口少、地理位置又相对隔离，所以，瑞典必须在抓住商机方面突破它的地域限制。大概因为瑞典有悠久的贸易历史——可以追溯到维京海盗时代——瑞典人自认为他们精通国际贸易。早在20世纪早期，瑞典的工业与工程公司就认为拥有比斯堪的纳维亚还要大的市场才能算是获得成功，正是它们引领瑞典进入了当代的国际贸易，如今，瑞典的产品遍布世界各地。

然而，很多外国商人，包括美国人，都感觉到与所谓的"世界性"的瑞典人做生意会遭遇到意想不到的挫败感。强调一下，因为几乎没有什么语言障碍，所以美国人与瑞典人都会假定他们是用相似的风格在做生意，然而事实并非如此。

"有意思的是，如果把一位美国、一位瑞典的项目经理放在一起，他们第一次见面时都会说'哇，这个人很棒，跟他一起工作没问题'，然而，六个月后，矛盾就会开始出现；一年后，他们可能就会成为仇人。"在法玛西亚（美国）公司（Pharmacia USA）[①]工作的瑞典国有制药公司前主席马格努斯·莫利蒂厄斯（Magnus Moliteus）如是说，他定居美国二十多年了——当然，现在已是美国公民——而且还是瑞典政府在瑞典投资（Invest in Sweden）的美国办事处前主任。

---

①　1995年，瑞典的法玛西亚和美国的普强药厂合并为法玛西亚普强(Pharmacia & Upjohn)公司；2000年4月3日，法玛西亚普强公司再同孟山都(Monsanto)公司合并，形成世界最大的医药公司之一的法玛西亚公司。——编自网络，译者注

他认为，这些矛盾来自诸多因素（包括第十章说过的人际沟通等问题），但是如果这些工作人员能度过刚才描述的开始阶段，两年后，他们就会达到一种理解。"也许他们并不能十分充分地理解对方，但是应该会认同这些差异。"

除了交流风格的不同，两种文化在商业模式上也非常不同。随着人们对瑞典文化中的独立、lagom（适度）、Jantelagen（自谦）、平等等理念的了解，这些差异一定会变得容易鉴别，甚至被理解。

（一）不竞争精神

本章节的标题"竞争与一致"似乎暗示着这两个概念是相互排斥、不能共存的，然而尽管瑞典人确实有强烈的愿望去达成一致（如彼此包容、一起工作以达到共同的目标），而不是去"争当第一"，但也并不总是这样，在促进生意成功方面，这两种价值取向的关系还值得进一步探讨。

当人们描述美国文化中固有的价值观时，竞争如同自由、独立等因素一样有其绝对的地位，在美国，竞争被认为既是积极的也是必要的力量，它折射出这个国家将个人成就与努力置于第一的价值信念：最先、最快、最大以及最好。比较而言，在瑞典，至少在个人层面上，竞争观念总是自相矛盾的，而且竞争不是社会结构中的主线，在这个文化中，平等的合法性和个人的节制才是主导价值观。

美国的孩子，生长在从小就被鼓励与同辈们健康竞争的社会环境中，而瑞典的孩子并没有被培养在一个高竞争的环境下，他们被教育不要过于表现自己的能力，不要炫耀和吹嘘自己，如今的学校甚至都不给小孩子的学习成绩打分了。为了促进个人的发展，孩子们仅仅被鼓励做到自己的最好就行，这样教育的结果就是减弱了孩子们的竞争心，所营造的环境也不会让人们感到过度竞争，相反，团队和合作被认为是达成共同目标的最好途径。

瑞典人从孩童时期起就潜移默化地感受到了那些造就成功团队的先决条件。驻瑞典的前美国大使林登·奥尔森（Lyndon Olson）回忆了他上任后不久所看到的一幕。那是在斯德哥尔摩的冬季，他坐在车上，看见了不寻常的一个场景，赶紧让司机停下车来，他看见一群幼儿园的孩子正在散步，他们都穿着色彩明亮的羽绒服，但是最吸引他注意力的是，所有孩子都被同一根绳子绑着，一个人要动，其他人也得跟着动。很明显，这保证了这些孩子们户外活动的安全，给奥尔森留下深刻印象的是：瑞典人在很小的时候就学会了与人在一起工作而不是对抗别人。

尽管同所有人一样，瑞典人也很享受自己的成就，但因为害怕被别人觉得吹牛，他们并不会炫耀自己的成绩，除非被认为是非常有榜样作用的——比如在体育界或商业界的表现——在这些领域中，个体是一个大的团体的代表，代表整个运动队、公司或国家，否则就应该淡化竞争的结果。"如果竞争的初衷主要是为了自己的福利或者本单位利益，那么它就被认为是消极的。"一个在美国总部工作的瑞典跨国公司经理说："总的说来，内部竞争会激励出更好的成绩，但是如果过于重视个人层面，就会忽视这个集体正在做的事情。"

然而，这些局限性其实没必要强加给个人，有些瑞典人避开直接竞争只是因为怕承担责任。一位在美国定居的瑞典科研工作者曾经这样断言："生活在团体的成功中会觉得'安全'，因为，尽管团队失败了，公司运营不好，或者你的国家队在体育比赛中失利了，但对于个人来说，却没有什么损失，这只是瑞典人逃避个人责任的一种形式，这一点，他们自己有时也不愿意承认。"

（二）工作中的竞争

关于竞争，我们举一个例子，看看在同一种情景下，瑞典人和美国人的表现有什么不同。这是莫利蒂厄斯（Moliteus）讲的故事，是关于一位瑞典经理和一位美国经理的，这两位经理都认为一起打高尔夫球是更好的了解彼此的方式，所以他们去了。

"天气很糟，下着瓢泼大雨，六个洞后，瑞典经理说：'淋透了，咱们不玩了吧？'而美国经理却想：'因为我是个新手，他在考验我吧？他是想看看我的实力到底如何吧？'所以他说：'不，我们至少还要打九个洞。'瑞典人就没再说什么。后来，我问他是否知道美国人感到正在被试探，'没有呀'，他说：'我只是觉得又湿又累，就想收手，到酒吧去喝上一杯啤酒！'他真的没有意识到美国人会有完全不同的想法。"

可见，并未成长在竞争环境中的瑞典人，更有可能看到的只是事情的表面价值，只有在必要的时候，他们才一铲子一铲子挖掘其深层含义；而美国人，更有可能在表面线索之间寻找信息，在这个例子中，他们就把这种情景当成竞争挑战了。

按照瑞典人类学家阿克·道恩的说法："妥协是瑞典人心态的一部分，是瑞典人解决存在着利益冲突的人与人之间关系的一个先决条件。"（Daun，1996：155）这种态度很自然地让瑞典人拥有了达成一致的想法，还可以用来解释为什么他们不愿意"过度竞争"，因为进行竞争需要人们既能接受呈现出的差异，又强调要表现出卓越的才华，而这两者在瑞典都是不被欣赏的。

瑞典人对竞争低调的态度对其商业的影响典型地表现在市场营销方面。欧洲有名但全球市场竞争力不强的瑞典公司，很可能会低估美国市场的残酷性和竞争性，因为在美国，不管产品和服务的质量如何，商品的能见度是关键，一个公司与它的竞争者之间有什么不同才是非常重要的，没有对市场的大量投资和广告，想在美国成功是非常困难的，这种积极推广产品的做法，对瑞典公司而言，可能是一条难以逾越的鸿沟——因为他们对自己产品的质量相当自信，并认为质量好就够了。

一位在美国开了几家公司的瑞典商人说："在美国，营销被看做是一种投资；而瑞典的公司却更多地认为，营销更像是一种支出。"

（三）一致性规则

达成一致对瑞典人来说非常重要，而美国商人却认为这个过程效率太低了。任何一个在瑞典公司工作过的美国人都可能困惑过：为什么要为了达成一致而投入那么多时间和精力呢？在美国，个体的力量被认可，公司的结构是有明确等级的，通常由上级决策，由下级执行；但是，在瑞典，组织是平级的，不突出个人力量，需要大家达成一致才能进行决策。

"无论是过去还是现在，我个人都认为这是一种更好的做事方式。"马克·邦杰（Marc Bunger）说，他是个美国人，妻子是瑞典人，而且在瑞典生活了五年，经常能感觉到自己与这两种文化的联系。"为了使决策达成共识，瑞典经理要到每间办公室去征求意见，如果大家都满意，他就会总结说：'看起来，我们就要这么做了。'然后，每个人都知道要做什么了，行动就开始。"

即使是在美国公司召开决策性会议，瑞典经理们也会遵从同样的程序：征求意见并进行总结，只有美国员工还不明白一个决策此时已经形成了，邦杰解释说："美国人会想：'他们下周还要开会，而且还将什么效果也没有。'美国人还会疑惑：'为什么这家伙不告诉我们要做什么呢？'"解决这一疑惑的方案就是：妥协。瑞典经理依然会一间办公室一间办公室地跑去征求意见，但是到最后，他或她一定能拿出具体的任务分工，说："萨丽，你能在周二前把这个完成吗？""乔，请你在周五前处理完它，好吗？"这就是在告诉美国人，这已经是决定了，剩下的就是执行了。

美国经理制定重要决策时，不需要跟小组成员讨论，也不必征求每个人的意见，即使有什么事需要讨论的话，通常也是无结构的。"美国人期待人们去争辩，在美国，一个好的管理策略就是要把你不相信的那些事说成是真的，而这必将引起争论。"邦杰补充说："人们是不会绕弯的。"但是这种管理风格会让瑞典人觉得很不舒服，他们会认为："这说明我们之间的裂痕很深呀。"可在美国人眼里，这不过是决策的一个自然组成部分。

　　瑞典人的一致意味着团队中的每个人都要涉及其中而且为决策负责，如果有人被忘在局外，就说明共识并没有真正形成。瑞典人想的是，在最终结果形成前多花点儿时间，以达成共识，这样就会减少随后的麻烦，节省今后不必要的调整时间。这样，瑞典人更可能选择一种谨慎的方式，他们很少在意制定决策时所花时间的多少，相反，他们认为，匆忙做决定是一个评价很低的行为。

　　这些做法让很多非瑞典人难以理解，充分达成一致就这么必要吗？尽管一致被认为是一个有价值的目标，但也不一定是必需的吧？简单多数不就可以了嘛，尤其是有些事情是需要快速行动的呀！在处于竞争状态的美国，快速决策更重要，美国人认为速度是竞争的一个优势。"很多美国商人对达成一致的必要性不以为然——如果共识很容易达成，那还罢了，如若要花费太多时间，真的没必要。"一位在瑞典工作了差不多二十年的美国主管说："最好的方式是，用达成共识那多余的时间来让人们去想想他们到底相信什么，它减少了人们之间的讨价还价，更好地创造了团队精神，还可以用这些时间早点儿去执行所达成的决策。"

　　不过，当过程变成了无望的僵局，很难达成共识时，瑞典人自己也很无助和困惑，那位美国主管说："你必须知道什么时候可以停止。"还有一个危险是，达成的可能是错误的共识，导致之后潜在的问题，如果真是这样的话，错误的决定就很难纠正了，"你不得不寻找一个机会，再达成一个新的共识"。

　　在美国，通常通过投票实现表决，与这种显得正式的方式相比，瑞典人之间达成协议更多的只是表现为夹杂着轻轻点头、"嗯"及目光的接触等细微的交流表情。罗伯特·舒特（Robert

Shuter）是一位跨文化交流专家，他说因为美国人总是忽略这些细节，所以，他们很惊讶瑞典人怎么也会"做手脚"！有个美国人，效力于一家技术公司，公司员工多数都是瑞典人。有一次，他们到斯德哥尔摩参加一个用英语和瑞典语举办的会议，会议过程中，他一直觉得很愉快，而且也认为他理解了会议中所有的事项，可是，直到会议开始做总结了，他才发现，原来重要的决策已经形成了，而他根本就没意识到，他无法想清楚这是怎么发生的！因为根本就没有表决呀！

其实，没什么好奇怪的，有时候，瑞典人就是这么让别人摸不到头脑。（Shuter，1998）

（四）把事情做好

如果你对瑞典人有行动前必须认真细致地进行计划这一习惯有所了解，就更容易理解他们的一致性模式了，美国人经常抱怨说瑞典人对挑战反应太慢，一个主要的原因是这两种文化在计划和行动两方面的时间分配是不同的。

一般来说，瑞典人花50%的时间在计划上，而美国人只花15%的时间。想象一下，有两条挨在一起的时间线，美国的线显示的是15%—20%用于计划，85%的时间用于执行计划；而瑞典的时间线，计划与执行的时间都分别是50%，这样就很容易理解为什么两者间有矛盾了。

当美国人制定了他们的计划后，就一往直前，遇到始料不及的障碍时，就进行调整或绕道而行，他们认为息事宁人也是做生意的一部分——至少他们向前进了，有进展了，在这一点上，美国人觉得瑞典人实在是太慢了。然而，瑞典人一旦到了那50%的点上，就完全变成了令人刮目相看的另一群人，此时，他们准备好了开始行动，并非常快地向目标挺进，而此时，美国人可能还在继续调整，像一个导弹一样在寻找目标。很明显，美国人觉得瑞典人的计划模式太费时间和过于小心，而瑞典人觉得美国人"鲁莽做事"的风格既不可信也效率低下。

其实，正如我们所看到的，他们都是从不同角度看同一个问题。瑞典人倾向于找到所有潜在的障碍，以避免未来可能出现的问题，而美国人则倾向于先干起来，边干边调整。因此，当瑞典人问美国伙伴一些细节时，得到的答复经常就是："别担心，什么事都能解决的。"这让瑞典人很困扰，而美国人也时常恼火，在执行决策的过程中，瑞典人总是不满意他们的方式。

一位在瑞典工作的美国软件工程师描述了她参与一项瑞典计划的心理感受："这个项目在'设计与分析'向'落实'的转化阶段花了很长时间，每件事都被大家仔细商量然后达成一致，如果有人不同意，就要继续开会、调查或进一步进行论证。这样做，最终的结果也许是好的，因为每件事都被很多次地从头到尾认真思考过了，但是我经常希望有人能打破这个漫长的僵局，以便于我们赶快开始行动。"不过，如果团队中真有人出来打破僵局，这个人是很难被识别出来的，至少从外表上很难，因为瑞典老板们通常穿得跟其他员工一样，非常随意普通。而且，即使你努力发现了老板，他或她很有可能只是在促成决策而不是在决定行动，直到每个人都达成共识。

但是这位美国软件工程师继续说，在她那个瑞典丈夫的小公司里，似乎每件事都进展得很快，也许，这暗示着瑞典IT业的一种趋势——全球化竞争促使人们更迅速地行动，像瑞典这样的国家应该学着更快一些做事了。

（五）扁平化的组织结构

前面说到，瑞典的管理模式反映出不强调个人的竞争性，重视在制定计划时达成一致等等特点，事实上，在瑞典和美国的商业风格中，最明显的不同之处还有一条，那就是瑞典的组织系统相当缺少等级性。那些从很重视权威的文化中来的人们，比如法国人、德国人、英国人、日本人和美国人，尤其要注意这一点，在他们自己的国度，地位和职位在公司中都被清楚地划定了，要适应瑞典的这些特点并不容易。

在这些国家里，公司的组织结构都是由上而下的，可瑞典不同，瑞典公司的结构是去中心化的，几乎没有管理的层级。在一个单位里，名衔与地位并没有多少分量，瑞典的公司更多地依赖成员间在所有各个层级的非正式控制，而不是创建那种复杂的层级化的汇报程序。瑞典人会尽最大努力避免低层级员工去服从高层级人员，在许多公司，平级管理原则就是将经理与员工放在同一个层面上而实现的——请别忘记了瑞典人推崇的自谦法则（Jantelagen）和平等性——没有人比别人更好。

一位加拿大籍的美国人，在瑞典生活了很多年，谈到了"咖啡规则"（Rule of Coffee），按照这个不成文的规则，一个团队的领导通常自己去端咖啡，而不是让秘书或助手去做，尽管这种事不总是发生在每个公司，但也是很普遍的，它说明上级想尽量缩小地位间的差距。一位作家写道："许多瑞典商人令他们的外国合作者有些摸不着头脑，因为通常他们很低调，给别人非常谦卑而含蓄的姿态，但同时，又很有权威。"（Rabe，1992：35）。

那么，为什么扁平的组织结构能在瑞典运行得这么好？又为什么与美国人掺和到一起就那么困难呢？

正如我们在第五章所讨论的，瑞典人成长在独立与自主的理念下，即个体作为团队的一部分才能有强大的安全感与力量感，其管理模式能运行的一个原因在于它强调了协同工作。不幸的是，许多瑞典经理发现在美国创造同样水平的团队工作非常困难，因为通过创建一个团队以进行工作的想法与美国的个人主义和竞争的文化理想是有冲突的，他们抱怨团队中有些人总是按自己的议程做事，甚至反对团队中的其他成员，这就更糟了。

让我们来想象一下这个情景：一个叫吉姆的美国人，正在为一家瑞典公司工作，项目中多数人都是瑞典人。吉姆已经习惯于在一个充满竞争的环境中工作了，在那里要想被注意到，就得名列前茅。当然他在竞争过程中也懂得了信息就是财富，最好别跟他人分享这一潜规则。随着项目的进行，吉姆发现有些地方应该改进，他决定一展自己的专业特长,但他没有马上说出来，而是暗自在进行，并等待有一个机会让经理大吃一惊，给他留个深刻印象。没多久，他的同事们就发现这家伙有些奇怪，似乎有自己的安排和进程，大家开始不太信任他了，因为他似乎总是躲藏着什么，这让瑞典人很不安。终于有一天，吉姆在小组会上说出了自己的主意，他强调了他自己是如何努力才想出这个宏伟计划的。但是吉姆的表现并没有收获到他预想的称赞和羡慕，只得到了一个简短的致谢，说他的想法可能很有价值，然后，会议就转入下一个议题了。原本想一鸣惊人的吉姆很受挫，觉得被小瞧了，而瑞典人——团队中的其他成员和管理人员，也很受挫，因为吉姆的行为方式太自我了——他不像是团队中的一分子。这个案例中，没有赢家——吉姆不是，团队不是，公司不是。

　　文化的鸿沟真是挺大的！

（六）"合作的"上级

　　读者们可能已经感觉到了，在团队模式中，瑞典领导的角色与多数美国领导是不同的。瑞典管理专家莉娜·赞德描述瑞典管理人员的角色是"建设性的合作和协作性的辅导"（Zander，1998：4）。她将这种风格追溯到20世纪30年代，即瑞典模式建设之初。那个时候，资本家和劳工就是合作的，在双方就工资问题进行谈判时也抱有这种固有的观念，而它的根源也可能后推回维京时代，那时候的海盗船上就写着："我们是平等的。"

　　这样，下级对上级的态度也就有所不同。雇员们希望领导们能在需要的时候引领和支持他们，他们认为领导应该有一定的专业知识，但不必"比员工更好"，也不必"比员工知道得更多"，权威是通过能力和经验建立的，之外的任何权威的优越性都不被鼓励。

　　一位在斯德哥尔摩公司工作的美国人说，瑞典经理"从来不让人说他或她是个经理（而这在美国是会被夸大的）的说法也并不总是正确的"，但是，通常而言，让美国人适应扁平的瑞典管理风格比让瑞典人适应美国人的管理模式更容易些。他继续说："我看见过一次管理岗位交接的场面：办公室里是一群瑞典人，新上任的美国经理在头顶的投影仪上展示了一份标准的、金字塔形状的管理图，显示公司新的组织架构。会后，瑞典人一个接一个地钻进主任办公室，趴在她肩上哭，因为他们害怕美国经理把办公室变成劳动营。'我们这里不要经理！'的呐喊声响成一片。你看，这位新经理只是描述了新的办公等级模式，就引起了这么大的冲突，之后的情形就可想而知了。"

这种反应无疑来自于瑞典员工不喜欢被监管，一项大型的跨文化研究——"领导者的执照"（The Licence to Lead）[①]显示，斯堪的纳维亚国家的员工所报告的被监管倾向是最低的，这一地区的人们通常认为，如果你有资格承担某项工作，你就能够做好，无须别人检查你，这时不言自明的，是雇主和员工共同的期望；如果你被要求在某个时间段内完成某些工作，你就应该做到，不需要别人提醒；如果一个领导认为有通过监管一个人以维持其控制的必要性，显然就是太不信任员工了，这样，绝不是一位好领导。

而在美国，好领导就应该定期检查下属的工作，并且经常鼓励员工。一位在美国宜家（IKEA）工作的瑞典经理就有这样一段亲身经历，她像对待瑞典员工一样对待她的美国下属，给他们"自由的责任"，而不是像"对待孩子一样"对待他们，比如告诉他们

---

① 此研究由 L. 赞德（L. Zander）等在 18 个国家进行，探索员工对人事领导的喜好与民族文化之间的关系。瑞典斯德哥尔摩经济学院博士论文（ISBN 91-971730-88）。——译自网络 http://citeseerx.ist.psu.edu/showciting?cid=4828783，译者注

应该怎么怎么做。但这样的管理并没有得到她要的结果，让她没想到的是，这种管理风格让员工们趁她不在的时候干得很少。另一方面，那些美国人却说，他们不知道怎么对一位既不检查他们的工作，也不表扬他们做得好的领导做出反应，像其他给瑞典人工作的外国人一样，他们将瑞典这种甩手管理的模式解释为漫不经心或者不喜欢当领导——她从来不给下属任何鼓励，也不用赞美的语气承认他们对工作所付出的努力。

这种领导和下属间的非指导性的关系，在强调平等思想的瑞典社会是很有意义的。同理，让美国人觉得最安全的直接监管和实际操作的管理模式也会让瑞典人觉得很不安全。

另外，瑞典人和美国人有不同的业绩评估角度，这也显示了上级与下属间关系的文化差异。在美国，评估员工的业绩是要看他给公司贡献了什么，以及是否达到了预定的目标；而瑞典人的业绩评估是以员工个人需要为中心的，以及这个人为自己的职业发展做了什么。对于习惯了用客观方法的美国人来说，这似乎有些"煽情"了。有位在瑞典的美国人在业绩评估时说出了她的别扭，她说她感觉像是在参加一次心理治疗，过多地集中在她个人的需要上，而没有充分认识到她做了些什么。

升职和涨工资的观念在这两种文化中也有所不同。不同工作间的工资差异在瑞典要远远小于在美国，这已经使得一些想创业的瑞典人到美国或其他国家去寻找财富了。与美国人比较，瑞典人很少将升职和涨工资作为他们的工作动机，同样，业绩评估的重点也不在这两方面。

（七）打开沟通的渠道

在瑞典，员工与领导的沟通是一个双行道。瑞典的员工已经习惯于自己在单位里是各种信息的参与者，所以，当一个传统的美国公司接管了瑞典公司后，文化的冲突就随之而来了。

1995年，美国医药公司普强和瑞典的医药公司法玛西亚合并为法玛西亚普强后，结果并不理想。新公司建立了一个并不受瑞典员工欢迎的组织结构，只知道接受从新泽西总部传达下来的决策，这让有些瑞典人很不爽，因为他们觉得自己仅仅被看作"可以生产最大利益的资源"了（Kantor，1999），其他瑞典人则抱怨说，他们的文化是：管理者倾听员工的声音，大家集体讨论找到最佳解决方案，可现在所有指令都来自总部，员工们不过只是执行而已，根本没有参与决策。当然，当瑞典人接管一家美国公司的管理时，美国人也同样觉得很混乱。

在绝大多数瑞典公司，管理者之间的沟通比美国公司所认为的更加开放，如果员工需要信息，并且认为绕过直接主管而去找公司的其他人更有效，这也是完全可以的。扁平化的组织管理不像美国那样，某个职位有不同的附带权限，或者需要守住自己的地盘。因为瑞典人较少关注个体竞争，更多地强调平等，所以，理性地越过等级层次并不会让他们感到不舒服。相反，因为他们没有专心留意"第一名"，领导们很少担心员工会超过他们，而这在美国的组织内可能会引起地震，因为比上级还出色或者越过上级就是职业生涯中的"自杀"。

　　瑞典文化希望员工能提出工作改进建议或指出工作中的差错，换句话说，员工给领导提建议被认为是非常正常的，不必担心这会给自己带来麻烦，他们认为这是他们的权利和责任。然而，许多其他文化中的人并不习惯在领导们没有征求意见时提建议，就是提了，他们的领导也不会接受，领导们可能觉得被冒犯了，这会干扰到他们的关系。事实上，瑞典经理们的报告中的主要问题之一就是他们正使美国下属们说话变得直截了当，这是一个不寻常的角色转换——通常话痨的美国人在安静的瑞典人面前话少了，变得安静了。

　　"在美国，员工要服从于上级，至少在公开场合要这样做，他们可能会私底下抱怨，但是一旦领导已经表态了，他们就会接受现实，认为只能这样了。"而瑞典领导通常只是透露出他们半成型的思想，然后等待员工们的反馈。所以，如果他与美国员工工作，就可能要等很长时间，因为那些赞同他的人会认为这已经是既成事实了，再说什么也没有用；而那些不赞同他的人也不会提出意见，这样，根本没人反对，哪怕是私下交流也没有，领导就以为一切OK！

（八）商业中的交流

　　正如我们第十章所讨论的，瑞典语言的交流风格很微妙，对不懂门道的人来说，理解起来会觉得困难。下面，我们将在工作中或日常处事中可能遇到的瑞典人的交流特点总结一下，希望对非瑞典人有所帮助。

1．因为瑞典语很字面化和直接，所以，瑞典人用英语表达时，也会用同样的方式：很少用华丽辞藻，也没有不必要的润色。瑞典人通常直率地说自己的意见，但是如果他们意识到可能会引起争论的话，就会隐藏他们的观点。

2．对瑞典人来说，获得信任感比留下好印象更重要。所以，请只承诺你能做到的事，做不到的事，免谈，少说好于夸口。

3．因为瑞典有非常扁平的社会和组织等级，所以，瑞典人用同样直接的方式对待每个人，对自己的领导说"不"很正常，不过分。

4．细微的身体信号，如点头和看着对方，也是在传递信息。

5．做一个好听众是必要的。安静意味着瑞典人正在分析所听的信息以便有所应答，含糊的反应意味着他需要更多的时间去思考，这个时候，"嗯"可能仅仅意味着"是的，我理解你所说的"。

6．打断别人是不礼貌的，因为，每个人都应该有机会发出自己的声音。

7．瑞典人通常不怎么笑，工作时也不会让孩子在身边，他们不把工作和社会活动混在一起，工作时就专心致志、集中精力，这并不意味着他不喜欢你。

8．瑞典人之间说瑞典语，通常只是想把问题说清楚，如果你要求，他们也愿意说英语。

9．保持安静和回避对峙是有价值的性格特质，发脾气或抬高嗓门可能被理解为缺乏自控力，会失去他人的尊重。

当然，你在工作中所遇到的很多瑞典人并不像我们所讨论的这样，至少程度上可能有所不同，在国外生活或工作过的人们会更加灵活和开放，形成思考问题和行为的新方式，这是旅行和学习其他文化的最大益处。但是，就像斑马条纹一样，我们自己的文化痕迹从来都不会彻底消失。

结语

全速向前

像许多西欧国家一样，瑞典继续保持着欧洲传统的社会活动，同时，也拥有企业家精神和自由的竞争。

——埃德蒙·L.安德鲁斯(Edmund L.Andrews)，

《纽约时代》，1999

　　当我们开始写这本书的时候，瑞典正在经历着20世纪90年代的经济大萧条，失业率创历史最高，社会福利体系面临着不确定的未来，然而，感谢信息技术（IT）创造了奇迹，在这个新千年的开始，瑞典的前景再次显露出光明。根据政府2001年早期出版的报告，在1993年到1999年间，IT行业肩负起了这个国家生产力增长的1/3和国民生产总值1/4的责任（TT News Service，Jan.17）。

　　伴随着一些经济干预和削减社会福利的政策，这种增长推动了瑞典经济的发展，世界再一次关注起这个似乎无视那些经济规律却又迅速发展的奇特国家，也逐渐支持着她的主张：聚焦于人道主义的资本主义才是最好的模式。

　　尽管发展趋势渐好，瑞典仍然面临许多挑战，包括在确保经济增长和国民社会福利的同时进行减税；处理移民事务和学习如何发挥一个多元文化社会的作用；接受全球化和应对由IT业急速发展及加入欧盟所带来的挑战；以及适应由年轻人所带来的新的价值观。在写这本书的时间段里，瑞典又一次成功地创造了在资本主义和社会福利"人民之家"之间的一个平衡，一条中间地带（lagom又活了！）。

1. 税收和经济

20世纪90年代早期全球性的经济萧条时，瑞典人在决定他们的国家的发展方向上，一反常态地分出了派系，一派是社会民主党和其他"左倾"党，继续拥护有着广泛社会安全网络的理想的瑞典模式；另一方，是中间党（**Moderaterna**，只有在瑞典，保守党被称为中间党）和其他右翼党派，它们寻求更低的税收和更具竞争力的市场经济。

成功的措施主要包括：减少或调整一些社会福利；撤销对电力和电信工业的管制；放宽一些劳动法则。伴随着明智的税收增长目标，这些措施在这几年取得了显著成果，从90年代中期开始，创业者显著增多，当前的瑞典成为欧洲最强大的经济体之一，它的IT产业甚至可以跟美国相匹敌。

然而，经济回升的趋势是有代价的。受多年存在的失业现象的影响，人们对政治和政治制度缺乏信任，瑞典选民数量在1998年降到了最低，只有80%的投票率（当然，对美国来说，这已经够高的了，可是瑞典人觉得这一点儿也不值得吹嘘），因削减了社会福利而令选民不快的社会民主党没有获得足够的选票而成为主要政府，它不得不与左翼和绿党结成联盟政府。

瑞典将继续努力应对它那昂贵的社会系统，并考虑用减税来刺激经济的增长，尽管高税收政策和劳动保护法律并不利于外国公司在瑞典开机构，但是国家持续的经济发展和IT业所扮演的角色还是使得美国的公司对此不予理睬，它们坚持在瑞典开办事处。一些瑞典人担心经济的低迷可能会使大型瑞典公司将总部移向海外，国家最优秀的和最聪明的人才会到其他地区创业发展，但是目前，瑞典依然拥有大量涌入的人才和产业。

2．失业现象

失业现象在瑞典得到了控制，但是，90年代经济的混乱和随后13%的失业率，还是让瑞典人感受到了过去70年来从没经历过的工作恐慌。不过，多数瑞典人相信工作会有的，就业是可以得到保障的。

现在瑞典的就业趋势与美国的类似，劳动法规允许临时性就业了（之前这是违反国家法律的），职业中介正在蓬勃发展，年轻人很少像他们的父辈那样一定要到大公司或公共机构寻找终身职业，哪里提供岗位，他们就到哪里就业。随着规则的放宽和创业机会的增加，许多瑞典人把自谦法则（Jantelagen）放在脑后，开始选择变成自由职业人和企业主，在许多领域，瑞典正在变成开创事业的热土。

3．福利机器

20世纪90年代，虽然有相当大的阻力，瑞典的社会福利还是有所削减。让一个人放弃他所习惯了的东西是极不容易的，同时，越来越清晰的是，瑞典昂贵的社会福利系统已经成为沉重的负担，瑞典人依然还信奉着这个哲学，即政府应该保障它的所有公民的福利，保证没有人跌进生活的夹缝中。但是瑞典人也知道，说比做容易，像欧洲其他有着诸多社会程序的国家一样，瑞典继续探寻保持社会安全网络的方式，以保证人们的卫生保健、教育、带薪假期以及其他福利。瑞典的税收是全世界最高的，人们能够接受它，是因为绝大多数人认为他们享受了社会服务，税收是值得的。

另一个越来越影响到社会福利政策的制定的重要因素是人口，瑞典是欧洲80岁以上的老人人口最多的国家①，同时，新生人口的增长还在减少，未来的社会福利资金到底由谁来出？这是一个问题。

4．移民问题

20世纪七八十年代开始，到瑞典的移民潮有所减缓，居住权的要求也变得更严格了，然而，现在瑞典人口中相当一部分是第一代和第二代移民，这个国家需要继续应对民族间的融合以及成为各种族大熔炉的愿景之间的两难问题。

基于强烈的人道主义的使命感，瑞典的政策吸引了很多移民，为政治迫害的受害者们提供了一个避难所，但是，尽管愿望很好，有些本意是帮助新移民的项目，反而给他们带来了麻烦。在瑞典，移民们居住在地理上相对分开的经济条件较差的地区，移民的身份也很难改变，父母是移民的人或者新到瑞典的人都被用"移民"一词归类了，这并不是歧视，而是为了确保他们能够受到反歧视法的保护，接受由瑞典政府提供的专门的生活条件。遗憾的是，这种努力给移民贴上了标签，他们成为永远都有差异的另类群体，不但没有促进他们与瑞典人的融合，还导致了他们的社会生活边缘化。

许多移民都理解瑞典政府的好意，但是他们还是很苦恼，在瑞

---

① 瑞典有18%的人口超过65岁，同时也是世界上第一个80岁以上老年人超过5%的国家。——译者注

典《每日新闻》（Dagens Nyheter）上发表的题为《我们要停止这种善意的种族主义》（Vi vill hejda den välvilliga rasismen）的文章写到，从移民家庭中出来的年轻人很清楚，尽管他们知道为什么会发生这些，但是像他们这样被归为移民的现实必须彻底终止（Albons，2000）。

瑞典仍然需要学习如何去行使一个多文化国家的职责，并尽最大的努力去实现多元化，为民族融合留出更多空间，接受新的瑞典人成为真正的瑞典人，使这些外来者感觉到自己是瑞典现实社会实实在在的构成部分，可能需要一代或者更多代人去努力。

5. 全球化和加入欧盟

瑞典进行国际贸易的历史非常悠久，如爱立信、ABB和伊莱克斯这些跨国公司依然在全球盛行，同时，一些小型公司也在稳固地开拓国际市场。

因此，瑞典公司就需要学习如何将自己的信念和管理风格与当地市场结合，这不是个简单的任务，瑞典人必须承认，自己并不总是最好的，还要心甘情愿地适应和变通，才可能成功。瑞典是有优势的，绝大多数瑞典人都能说英语，而且，许多人还会讲多种语言。

1995年，瑞典加入欧盟，瑞典人比欧洲那些曾经不愿加入欧盟国家的人有着更多的不情愿，即使在现在的民意调查中，支持率也是摇摆的。虽然已经加入了欧盟，瑞典还是选择留在欧元区外，这个选择也有可能被未来的民意投票改变。瑞典对欧盟和欧元的抵制很有可能来自于欧盟制定的种种规则和约束，这些政策使得生活在瑞典的很多益处都消失了（尽管许多瑞典人欢迎对酒精政策的松绑）。

2000年夏季，架设在瑞典和丹麦间的厄勒海峡大桥（Öresundsbron）正式开通，第一次将瑞典与欧洲大陆连接了起来。今天，新的桥梁和隧道使得北部的瑞典人可以穿过它驾车到意大利，这也让瑞典人在心理上与大陆少了几分疏离感，有了更多的联系。

一直与爱沙尼亚、拉脱维亚和立陶宛有着紧密联系的瑞典，已经成为在波罗的海地区国家做生意的跳板，因为那些想到这些国家或者东欧其他国家的人发现，瑞典是一个绝好的运营基地。

6．年轻一代

如今年轻的瑞典人已经准备好了应对经济全球化，他们通过国际交换生项目、休假，或者仅仅是因为心情好，就到世界各地旅行，而且，相当多的年轻人都使用了互联网，他们的世界观正在进行着诸多改变。

当今的年轻人比起他们的父母来说，对工作的要求更多，很多人不像他们的父辈那样只愿意待在一家公司里。"我要忠实于我的公司吗？对不起，让你失望了，'不'！"一个瑞典年轻人说："我忠实于工作中的一些人，在公司工作的时候，我会效忠于老板，但是，离开的那一天，我只忠实于我自己。"（Sweden Today，2000：26）

这个在数字化经济行业工作的年轻人的观点，也许并不能代表所有的瑞典年轻人，但是改变是绝对的，至少，在表面上，瑞典的年轻一代正变得更加个人主义，更少受到自谦法则（Jantelagen）边界的严格限制。随着对其他文化的了解，瑞典的一些传统正在被打破，在国外学习或工作过的瑞典人将证明比起那些没有出国经历的人来说，他们更开放，也更包容。

7. 信息技术大爆炸

"谁说企业家们总是去税收低的地方？瑞典，这个欧洲收入税最高的国家，已经成为互联网开创者最追捧的市场，甚至比美国还要热门。"（Invest in Sweden Agency，2000）

美国技术未来学家保罗·萨佛（Paul Saffo）说瑞典是"这个星球上最先进的消费者测试平台——远超欧洲的其他国家和美国。"尤其在无线网络的应用和宽带技术方面。（McGuire，2000：3）

对于一个人口不足900万的国家来说，有这些成绩，已经相当不错了，美国和欧洲主要媒体都强调瑞典是全球有线网络和无线网络运用最广的国家之一，所以，尽管有高得离谱的个人所得税和没有优越的地理位置，瑞典还是能大力吸引美国的高科技公司。

在首次公开发行并炙手可热的互联网股票这个勇敢者的新世界中，瑞典也冲在前列，这似乎与瑞典人回避冒险和慢速决策的倾向有所矛盾。我们已经看到了瑞典人格的另一面，比如务实、理性和讲究逻辑，还有追求质量，别忘了瑞典可是有工程技术和创新精神的历史的，今天，所有的因素汇在一起，一定会产生井喷。尽管瑞典人在很多方面非常谨慎，他们敏感和实用主义，但他们更认为自己无惧新科技，瑞典人在一百年前就有了电话，如今，十个人中有六个人有手机（移动电话的普及率仅次于芬兰），十个人中超过五个人用了互联网，①为了培养懂得最新科技的熟练员工，层出不穷的IT大学遍布全国。

正是20世纪的发明创造使得瑞典产生了那么多大型跨国公司，

---

① 这些数据来自于原著出版的 2001 年前。——译者注

我们现在所见证的是新一代"天才公司"的诞生,它们将引领着瑞典进入下一个现代化时代。

8．世界的良知

由于"世界的良知"这一称谓蕴含着强烈的人道主义倾向,因此瑞典经常被冠以这一名号,这并不是恭维之词,而且,谁也不可能改变对瑞典的这一称谓。瑞典人确信他们的民主模式是非常理想的,他们发现,他们所拥有的,正是许多国家,包括美国所缺乏的。瑞典人确实非常清楚他们的特质,并不带一点儿自嘲的意思(虽然他们对外界的批评更加敏感。)

"当今的世界已经意识到瑞典独特的地位了",里卡德·富克斯(Rickard Fuchs)在他的《做个瑞典人真的很美妙》(It Sure Is Wonderful to Be Swedish)中半开玩笑地写道:

"如果你坐在露天看台的高处看一场足球赛,就能看得很清楚,因为你有一个好的视角去观察球场和球员,所以你可以看见球员们自己看不到的东西。这样,你可以从这个角度看清一场球到底应该怎么踢?瑞典和世界的局势就是这样,因为瑞典现在站在看台的高处,远离事件的中心,有一个很好的观测世界的角度,可以看清世界到底应该怎么运行……我们可以拿着双筒望远镜坐在看台的最高处,告诉其他国家哪儿错了……但却离我们自身很远。"(Fuchs,1991:151—152)

而且,瑞典在北大西洋公约组织(NATO)——这个它越来越想加入的联盟中,也发表了自己的意见,一位在布鲁塞尔的美国官员说瑞典人"很可能是这个俱乐部的新成员,但是那并不可能阻止他们脑子里已有的思想——如果你们按我们瑞典人的想法来办事,差不多，每件事都会变得更好！"

因为有时具有局限性或者由于信息的单边化，瑞典人看到在美国的少数族群和那些需要帮助的人受到了不公平的待遇后就觉得非常不安，他们不理解，如此富裕的国家怎么就不能更好地照顾它的公民呢？这种伤感出自好意，就像美国人对世界上那些反人权的暴行非常愤怒一样，只是程度和角度不同罢了。

瑞典确实如评论者所说，虽然20世纪90年代经济低迷，但是瑞典的人均国外发展援助金额仍是全球最高的，而且她还在不断寻找新的帮助对象。ATTAC——公民救助金融交易税联合会正吸引着不同政治背景和阶层的瑞典人，这个机构成立于法国，旨在促进托宾税 (Tobin Tax)[①]，这个组织将通过在外币交换市场上的现金交易所产生的税收，用于基本的环境发展和人类需要。通过参与这种全球化的努力，瑞典人证明了他们的人道主义热情，而不是给自己强加上世界道德警察的标签。

9．瑞典人眼中的美国

瑞典可能是世界上最美国化的国家了，但是这并不妨碍瑞典人公开指出他们所发现的美国文化的缺陷，瑞典人似乎认为"美国的一切都是糟糕的，除了音乐、电影、电视、体育运动、衣服、语言和食物。"（Carr，1991：5）

瑞典人赞美美国文化中他们认同的方面（如新技术等），批评他们认为不公正和过激的方面，批评家们的目标是美国文化的霸权主义，当然，瑞典并不是唯一批评美国文化的国家，许多国家也有

---

① 指对现货外汇交易课征全球统一的交易税，旨在减少纯粹的投机性交易。——译者注

着保护自身文化的急切需要。同时，外来文化的影响也能满足其好奇心，这种努力一定会让瑞典人在多元文化和全球化社会中得到发展。

2000年1月，瑞典北美研究院进行了一项探讨和澄清美国对瑞典影响的研究，这个全面的研究历时四年，探查美国文化元素哪些被瑞典文化采用，以及在这个过程中如何增加了新的内涵。

从海盗时代的根据地前行到强大的现代社会，瑞典模式远没有到达尽头。伴随着传统的工程技术优势和美妙的新生活，伴随着丝毫未损的强大的平等精神，伴随着根深蒂固的对理性的崇尚和实用主义的信念，瑞典继续全速前行到21世纪。一个有着适度（lagom）文化基因的国家，仍在为她的人民寻找完美的平衡，这似乎是她永恒的追求。

参考文献

Åberg, Alf. 1985. A *Concise History of Sweden*. Stockholm: LTs Förlag.

Ahlbeck, Cecilia. 1998. Metro. March 27. URL: www.metro.se/daily.980327/html

Albons, Birgitta. 2000. "Vi Vill Hejda den Välvilliga Rasismen." Dagens *Nyheter*, November 13.

Anders, John. 1992. "Where Life Is Swede and Pricey." *Dallas Morning News*, April 12.

Andersson, Bengt. 1993. *Swedishness*. Stockholm, Sweden: Positive Sweden.

Andrews, Edmund L. 1999. "Rebounding Sweden Defies the Laws of Economic Gravity." *New York Times*, October 8.

Åsard, Erik, Elisabeth Herion-Sarafidids, and Dag Blanck. 1999. "American Influences in Sweden." Application submitted to the Faculty of Languages, Uppsala University, March 1. URL: www.sinas. uu.se/aminfl.htm

Austin, Paul Britten. 1968. *On Being Swedish: Reflections towards a Better Understanding of the Swedish Character*. London: Martin Seeker & Warburg.

Beckman, Birger. 1946. *Lasternas Bok: Våra Kulturfel*. Stockholm: Bokförlaget Natur och Kultur.

Belt, Don. 1993. "Sweden: In Search of a New Model." *National Geographic*. August, 2-35.

Benson, Anders. 1998. "Workplace Quality: Another Office Oxy¬moron!" *Currents*. Swedish-American Chamber of Commerce, February.

Berlin, Peter. 1994. *The Xenophobe's Guide to the Swedes*. London: Ravette Books.

Board, Joseph B. 1995. "Sweden: A Model Crisis." *Current Sweden*, no. 410. The Swedish Institute. Stockholm.

Britton, Claes. 1999. *Sweden and the Swedes*. Stockholm: The Swed¬ish Institute.

Biinger, Marc. 2000. Interview. December 20.

Carr, Lisa Werner. 1991. "The American Emigrant." *Nordstjernan*, May 2.

Childs, Marquis. 1947. *Sweden: The Middle Way*. 1980. Reprint, New Haven, CT: Yale University Press.

Curie, David. 1997, 1998, 1999. Interviews. November 20, January 4, and September 29.

Dahlbom-Hall, Barbro. 1999. "The Boys Are in Charge." *Nordstjernan*, February 18.

Dahlström, Eva. 1997. *Möten med Sverige*. Stockholm:

Kulturdepartementet.

Daun, Åke. 1996. *Swedish Mentality*. University Park: Pennsylvania State University Press.

Davies, Norman. 1996. *Europe*: A *History*. Oxford, England: *Oxford* University Press.

Elstob, Eric. 1979. Sweden: *A Political and Cultural History*. Lanham, MD: Rowan & Littlefield.

Erlander, Tage. 1972. *Tage Erlander*: 1901-1939. Stockholm: Tidens Forlag.

Fahlman, Gösta. 1999. "The Vasa Ship: Sweden's Treasure and Tourist Attraction." *Vasa Star*, January-February.

Fitchett, Joseph. 1998. "With Popular Opinion Pro-NATO, Neutral Sweden Warms to Alliance." *International Herald Tribune*, January 30.

Franklin, Benjamin. 1733. *Poor Richard's Almanac*.

Frykman, Jonas, and Orvar Löfgren. 1991. *Svenska vanor och ovanor*. Stockholm: Bokförlaget Natur och Kultur.

Fuchs, Rickard. 1991. *Visst är det härligt att vara svensk*. Stockholm: Wahlström & Widstrand.

Gannon, Martin J., and Associates. 1994. *Understanding Global* Cultures: *Metaphorical Journeys through Seventeen Countries*. Thousand Oaks, CA: Sage Publications.

Gaunt, David, and Orvar Lofgren. 1984. *Myterna om Svensken*. Stockholm: Liber Förlag.

Gramstad, Borghild. 1997. "Janteloven." *Magasinett*, Fall.

Hadénius, Stig, Torbjörn Nilsson, and Gunnar Asélius. *1996. Sveriges*

Historia. Stockholm: Bonnier Alba.

Hagberg, Marie. 1997. "Where Are the Swedish Gentlemen?" *Amelia,* no. 4, February.

Hampden-Turner, Charles, and Alfons Trompenaars. 1993. *The Seven Cultures of Capitalism.* New York: Doubleday.

Heller, Richard. 2000. "Folk Fortune." *Forbes,* September 4.

Herlitz, Gillis. 1991. *Svenskar: Hur är vi och varför vi är som vi är.* Stockholm: Gillis Herlitz and Konsultforetaget AB.

Hofstede, Geert. 1991. *Cultures and Organizations.* London: McGraw-Hill International.

Hoge, Warren. 1998. "Stockholm Journal: In Years since Palme Killing, a Loss of Innocence." *New York Times,* September 1. Invest in Sweden Agency. 2000. Speaker's notes to "Sweden in Facts & Figures 2000." URL: http://isa.se/slides/facts/notes.htm

Johnsson, Hans-Ingvar. 1995. *Sverige i Fokus.* Stockholm. The Swedish Institute.

Jones, Gwyn. *A History of the Vikings.* 1984- Rev. ed. Oxford, England: Oxford University Press.

Jones, Prudence, and Nigel Pennick. 1995. *A History of Pagan Europe.* New York: Barnes & Noble.

Kantor, Jan. 1999. "Kulturkrock så det barra smäller om det. Svenska *Dagbladet,* February 4.

Kisthinios, Kristina. 1996. A Scent of Sweden. Lund, Sweden: Tralala Reklambyra AB.

Laine-Sveiby, Kati. 1987. *Svenskhet som strategi.* Sweden: Timbro.

Larsson, Lena. 1968. *Sweden: A Year*. Stockholm: Forums Fackboksredaktion.

Lindqvist, Herman. 1989. *Reports from the Land in the Middle*. Stockholm: Herman Lindqvist and Sveriges Radios Förlag.

Lönnroth, Ami. 2001. "Vi Tänker Inte Upprepa Föräldragenerationens Misstag." *Svenska Dagbladet*, January 4. URL: svd.se/dynamiskt/ Idag/did_886693 .asp

Lövin, Isabella. 1999. "Den Europeiska Modellen." *Manadsjournalen*, no. 8, August.

Magnusson, Magnus. 1980. *Vikings!* New York: Elsevier-Dutton. McGuire, Stryker. 2000. "Shining Stockholm." *Newsweek* International, February 7.

McIntosh, Bill. 1995. "How to Sell in Scandinavia." *Trade & Culture*, September/October.

Moliteus, Magnus. 1999. Interview. August 7.

Moller, Tommy. 2001. Interview. April 27.

Nilson, Ulf. 1998. *Nordstjernan*, 2 July, 7.

Palmer, Brian. 2001. Interview. January 12.

———. 2000. "Wolves at the Door: Existential Solidarity in a Globalizing Sweden. Ph.D. diss., Harvard University.

Phillips-Martinsson, Jean. 1991. *Swedes as Others See Them*. Lund, Sweden: Studentlitteratur.

Press release. 2000. "Jante tvingas lämna Sollefteå" SollefteS Kommun, June 20.

Rabe, Monica. 1992. *Kulturella Glasögon*. Goteborg, Sweden: Tre Böcker

Förlag AB.

Rekdal, Lena. 1997. *The Newcomer's Practical Handbook for Sweden.* Stokholm: DIC.

Rich, Louise Dickinson. 1962. *The First Book of Vikings.* New York: Franklin Watts.

Sahlin, Mona. 1997. "Trygghet och förändring." *Vår Bostad,* January.

Sandemose, Aksel. 1972. *En Flyktning Krysser Sine Spor.* Oslo- De norske bokklubben.

Seelye, H. Ned, and Alan Seelye-James. 1995. *Culture Clash: Man¬aging in a Multicultural World.* Lincolnwood, 1L: NTC.

Shuter, Robert. 1998. "Bloopers." Currents. Swedish-American Chamber of Commerce, December.

Sonesson, Goran. "In Search of Swedish Nature." URL: http:// www. arthist.lu.se/kultsem/sonesson/swed_cult_l.html (Originnally published in Polish translation in Magazyn *Sztuki,* no. 8, April 1995).

Statement of Government Policy (unofficial translation) presented by the Prime Minister to Parliament on October 6, 1998. URL: www. regeringen.se/se/regeringen/regeringsforklaring/ tidigareregeringsforkl. . ./980610eng.htm

Statistics Sweden/Statistiska Centralbyrån. 2000. General data' base. Stockholm. URL: www.scb.se/

Steinberg, John. 1999. Interview. February 15.

Sturmark, Christer. 2000. "Sverige i den Nya Ekonomin." *Svenska Dagbladet,* March 1.

Svensson, Charlotte Rosen. 1996. *Culture Shock: A Guide to Cus¬toms and Etiquette in Sweden.* Singapore: Times Editions.

Swahn, Jan-Öjvind. 1994. *Maypoles, Crayfish, and Lucia: Swedish Holidays and Traditions.* Jan'Öjvind Swahn and The Swedish Institute.

Sweden Today. 2000. "Keeping Your Head when All About You...," U.S. ed., no. 2.

The Swedish Institute. 2000a. Fact Sheet on Sweden: Equality Between Women and Men, February. Stockholm.

The Swedish Institute. 2000b. Fact Sheet on Sweden: The Swedish Economy, October. Stockholm.

The Swedish Institute. 1999. Fact Sheet on Sweden: The Swedish Political Parties, April. Stockholm.

The Swedish Institute. 1999. Fact Sheet on Sweden: General Facts on Sweden, April. Stockholm.

The Swedish Institute. 1998. "Sweden, 1998: One Election, Two Realities." *Current Sweden*, no. 420. June. Stockholm.

The Swedish Institute. 1997. Fact Sheet on Sweden: Family Plan- ning in Sweden, June. Stockholm.

The Swedish Institute. 1997. Fact Sheet on Sweden: Alfred Nobel and the Nobel Prizes, October. Stockholm.

Swenson, Karen. 1997. Greta Garbo: *A Life Apart.* New York: Scribner.

Systembolaget. 2000. "Why Should We Have to Suffer for the Sake of a Few Alcoholics? And Seventeen Other Questions." Systembolaget AB.

Uddenberg, Agneta. 1994. *Rätt Sätt.* Stockholm: Wahlström & Widstrand.

——. 1992. *Vett och Etikett på 90-talet.* Västerås, Sweden: ICA Förlaget AB.

Valdemarsson, Bengt. 1997. "Kurs mot Friheten." *Utlandsjuristen*, August 10.

Vesilind, Priit J. 2000. "In Search of Vikings." *National Geographic*, May.

Von Otter, Birgitta. 1998. "New Swedish Government Needs Two Crutches." *Current Sweden*, no. 421. October. The Swedish In- stitute. Stockholm.

Webste's New World Dictionary of the American Language. 1970. New York: The World Publishing Company.

Weibull, Jorgen. 1993. Swedish History in Outline. Stockholm: The Swedish Institute & Wiken Förlags AB.

Wirtén, Per. *Hellre fattig Än Arbetslös*. 1997. Stockholm: Norstedts Förlag AB.

Zander, Lena. 1997. "The Licence to Lead." Ph.D. diss., Institute of International Business, Stockholm School of Economics.

——. 1998. "Management in Sweden." Institute of International Business, Stockholm School of Economics.

后记：2001年之后的瑞典

《当代维京文化》（Modern-Day Vikings: A Practical Guide to Interacting with the Swedes）的英文原书出版于2001年，一晃十几年过去了。虽然文化的根源是稳固的，但是，这些年来，瑞典发生了很多变化，尤其在政治形势上。原书的两位作者告诉我，她们打算更新内容，但这需要很长时间，在这本中译本出版之前，修订工作肯定是无法完成的。当我把这个遗憾告诉我的朋友——瑞典隆德大学的历史学家英格马（Ingemar Ottosson）教授时，他说应该为读者负责，让大家看到更近更现实的瑞典，于是自告奋勇，把2001年之后瑞典国家发生的主要变化做了一个小结，权当这本书的后记。在这里，我想对这位热情、纯朴、渊博的瑞典学者表示深深的敬意与感激！

进入21世纪，瑞典面临着一个新的国际环境。2001年9·11事件后，美国发动了"反恐战争"，之后便是入侵阿富汗和伊拉克，这些局势当然对瑞典传统的中立政策提出了挑战。随着共同货币

（欧元）的产生，欧盟一体化越发深入，于是瑞典国内也有了加入欧元区的呼声，但是，在2003年举行的公民投票中，多数瑞典人不愿意接受欧元，结果是：瑞典虽是欧盟成员，但并不在欧元区。就像英国和丹麦一样，瑞典人使用着自己的货币——瑞典克朗（Swedish Crown）。

1994年之后，在野的保守党重新进入政治中心，并在一些重大问题上放弃了先前的主张，变成了瑞典福利模式的捍卫者，俨然一幅"新劳动党"的风格。于是，无法收回主动权的社会民主党（Social Democratic Party），痛失了2006年大选——尽管作为统治党，社会民主党自1990年代之后成功地复苏了瑞典经济，但是这次，还是失利了。

2006年选举之后，形成了包括中立党派在内的四党联合政府，其领导人是保守党主席弗雷德里克·赖因费尔特（Fredrik Reinfeldt），他是2006年至2014年的瑞典首相，财政部长安德斯·博格（Anders Borg）也是从保守党中产生的。这些年间，瑞典政治局势稳定，国家财政进一步加强。在风云变幻的国际局势中，瑞典像一个局外人一样，远距离观察着欧元危机，而且，2008年的世界金融危机对瑞典的影响也不大。《金融时报》（Financial Times）赞誉安德斯·博格是2011年度"欧洲最好财长"，可以说是对他卓越功绩的最好酬答。2010年的大选中，这一届政府得以连任。

像许多其他欧洲国家一样，因为大量增加的移民，瑞典在20世纪末变成了一个多元文化国家，可是，大量难民的涌入也给社会平添了压力。如何让移民——这些在文化与宗教上都与瑞典人相差甚远的人们，融入生活的主流？怎么为这些新增劳动力找到合适的企业？这个福利国家能为这些新公民安顿些什么？这一系列困境，以及发生在移民居住地的数起暴乱和一个反移民党——瑞典民主党（Sweden Democrats）的诞生，都说明不是每件事都像过去那样井然有序了。不过，瑞典并没有出现类似挪威2011年7月那样的极端惨剧：一个叫安德斯·白令·布雷维克（Anders Behring Breivik）的挪威小伙子，为了抗议自由移民政策，夺去了77条生命。

欧洲持续着的难民压力，尤其是不间断的叙利亚内战发生后的移民数量，还有民众们对吃紧的国家福利系统的普遍担忧，使得瑞典民主党的支持率持续上升。2010年的大选中，瑞典民主党进入了国会，2014年的大选中，他们获得了差不多13%的民众支持，这使政治陷入了僵局：无论是保守党联合政府还是左翼党派都没有能赢得多数席位。不过，社会民主党进入了绿党（Green Party）联盟，构成了一个由斯蒂芬·洛夫文（Stefan Löfven）为首相的新政府。然而，因为瑞典民主党具有战略性位置，制衡在这两个联盟间，所以，它将票投给哪一边才能使局势明朗化，就成了关键。结果，新政府的财政预算提案被国会否决了，而且新一轮的选举也被提上议事日程（原定于2015年3月举行）。不过，出人意料的是，在与反对派磋商后，2014年12月，斯蒂芬·洛夫文的少数党政府得以继续执政。

不过，如果我们看看瑞典社会的其他方面，景象并不灰暗。在欧盟国家中，瑞典保持着不同寻常的稳定经济；瑞典人的平均寿命和生活水平依然排在全世界的最高行列中，而且，一些跨国公司，如H&M, IKEA（宜家）和Ericsson（爱立信）的名字在许多国家也是家喻户晓的。2010年，Volvo（沃尔沃）被中国的汽车制造商吉利（Geeley）并购，从瑞典走出的音乐巨星和体育健将在国内外比赛中都获得了佳绩。世界各地的人们来到瑞典，享受着绿色的大自然和新鲜的空气。

有一句话，我们不得不说，那就是：未来总是不确定的。每一个国家都要为将来打算，瑞典的很多人正在讨论后工业时代的基础建设和教育投资问题。

进入21世纪已经有十几年了，瑞典已经准备好了穿过平静的海面和无法预测的惊涛骇浪，继续航行。